世界でいちばん虚無な場所

旅行に幻滅した人のためのガイドブック

JN060514

柏書房

無し | *Nothing*

無しがゴーストタウンなのはお似合いに思える（p.41）

世界の果て | *World's End*

（イギリス　ロンドン）

「郊外の夢」と聞いて想像されるものではなく、むしろ中世の要塞監獄のようだ（p.73）

死の島 | *Isle of the Dead*　　　　　　　（オーストラリア　タスマニア州）

死体は死の島の湾に 1 キロほどにわたって並べられ、島じゅうの墓に放り込まれた（p.80）

破滅町 | *Doom Town*　　　　　　　（アメリカ合衆国　ネヴァダ州）

破滅町として知られるこの場所は、ただ破壊のためだけに設計、建設された（p.97）

黙示峰 | *Apocalypse Peaks* （南極）

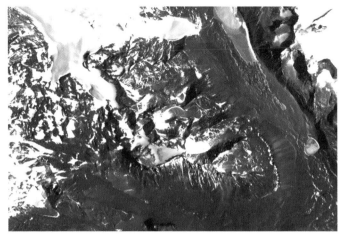

わたしたちが不安な目で見つめるのは、天空ではなく、南極の氷河である（p.106）

表現不能島 | *Inexpressible Island* （南極）

発見されたあとも、この土地は定義されるのを避け、表現されるのを許さなかった（p.110）

孤独町 | *Lonelyville*　　　　　　　　　　　　　（アメリカ合衆国　ニューヨーク州）

わずか200年のうちに、孤独町は（…）広がりつづける海底の一部になるという（p.115）

ユートピア | *Utopia*　　　　　　　　　　　　　（アメリカ合衆国　オハイオ州）

そこはスピリチュアリストの社会には完璧なロケーションだった（p.119）

残酷岬 ｜ *Cape Grim* （オーストラリア　タスマニア州）

この事件は、島じゅうで繰り広げられていた（…）暴力沙汰のひとつにすぎない（p.123）

場所無し ｜ *No Place* （イギリス　ダラム州）

州議会はこの町をゆるやかに消滅させることをひっそりと決定した（p.153）

自殺森（青木ヶ原）| *Suicide Forest (Aokigahara)* （日本　山梨県）

この国は、先進国でもっとも自殺率が高い国のひとつだ（p.163）

飢饉港 | *Port Famine (Puerto del Hambre)* （チリ　パタゴニア）

彼らはここに偉大な街をつくろうとしていた。──「フェリペ王の街」を（p.165）

目次

世界でいちばん虚無な場所

旅行に幻滅した人のためのガイドブック

船も通わぬ海原や、
人が夢見たことさえない岸辺に身を委ねれば、
確実に災難に遭います。

ウィリアム・シェイクスピア
『冬物語』（松岡和子訳）

イントロダクション

「わたしは旅や探検家が嫌いだ」。これは、クロード・レヴィ＝ストロースが人類学的回想録・紀行文『悲しき熱帯 (*Tristes Tropiques*)』── 1955年にフランスで初めて出版され、1961年に英語に翻訳された ── の書き出しに選んだ一文だ。レヴィ＝ストロースはその後の数ページで旅行本への軽蔑の気持ちを冷ややかに表明している。「この仕事に取りかかろうとしたことは何度もあったが、そのたびにある種の恥ずかしさや嫌悪感が湧き上がり、着手できなかった」。英訳版では、原著のフランス語のタイトルがそのまま使われている。「Sad Tropics」や「Tropics of Sadness」では、レヴィ＝ストロースが意図した微妙なニュアンスが欠けてしまうからだ。

2015年半ばのこと、わたしは絶望山 (Mount Hopeless) を見つけた。実際に行ったのではなく、オーストラリア南部の地図を見ていたら、その名前が小さく、等高線のタペストリーのあいだに横たわっていた。わたしはこのささやかな発見のなんともいえない滑稽さに魅せられた ── なんでこの僻地に絶望なんていう山があるんだ？ そこでGoogleマップに似たような暗い言葉を打ち込んでいってみると、全知なるコンピュータの画面のなかから、母国オーストラリアの過ぎ去りし歴史が掘り起こされてきた。憂鬱池 (Melancholy Waterhole)、失望湾 (Disappointment Bay)、悲惨島 (Misery Island)、飢餓川 (Starvation Creek)、自殺岬 (Suicide Point)。そのあいだ、わたしはレヴィ＝ストロースが言

うところの「消えた現実の跡」にいた。数ヶ月後には、地図上の陰気な珍品コレクションとでも呼べるものができはじめていた。

　地図上に、わたしたちは風景と言葉の結合を見る。地図は世界の客観的な表象ではなく、精神の産物であり、地図作成者の教養や経験、それがつくられた時代や場所を反映している。地図とは、記録、工芸品、指標、権威、物語なのだ。

　1606年、ウィレム・ヤンソン率いるダウフケン号のオランダ人クルーは、地図作成のためニューギニア沿岸の測量に向かっていたときに、偶然にも、未知の大陸オーストラリアを見つけた。彼ら自身はニューギニアだと思い込んでいたが、はからずも、この土地に初めて足を踏み入れたヨーロッパ人となった。ヤンソンの報告によれば、そこには「野蛮で、残酷な、肌の黒い未開人が住んでいて、彼らにわれわれの船員を何人か殺された」。そして、「この国の正確な状況について、また、この地で入手できる物資、あるいは需要がある物資に関して、いかなる情報も得られなかった」。理解不能な人々、そして彼らが公平な貿易を求めていることに落胆したヤンソンたちは、任務を放棄して去ることにしたが、惨たらしい交戦で複数の船員と先住民が死んだ。ヤンソンは、地図に書き入れる際、この岬に不吉な名前をつけた。Cape Keerweer——オランダ語で「引き返せ」という意味である。

　ヤンソンの体験は、15〜17世紀のいわゆる大航海時代にヨーロッパの探検家たちが繰り広げた旅を象徴するものだ。大航海

という言葉から、探検家たちの動機は高潔な好奇心であり、慈悲深き帝国の名のもとに未開の地を測量したいというシンプルな思いがあったのだ、と考えたくなるかもしれないが、歴史は異なる物語を伝えている。

　オーストラリアは、初期のヨーロッパ人探検家にとっては残念だったことに、無主地（テラ・ヌリウス）── だれも住んでいない空白の土地── ではなかった。口承で5万年にもわたって受け継がれてきたオーストラリア先住民（アボリジナル）の地名は、その土地を特定するものであっただけでなく、風景とからみ合った創造と神話の物語でもあった。かつてアボリジナルは、どこかへ出かける際、地図ではなく歌をつかっていた。古代の創造神話の歌を正しい順序で口ずさむことで、広大な土地を旅することができたのだ。ヨーロッパ人の侵略後、歌と名前は失われた。地名は変えられ、新たなタイプの物語を映し出すようになった。それは領土征服と植民地遠征の物語であり、そこから思い起こされるのは、神話の神々や精霊ではなく、探検家、地質学者、王族、名士だ。

　わたしは地名の研究が地名学と呼ばれることを知った。固有名詞学の地味な分派である。地名は場所を特定するもの、記念するものであり、植民地主義の時代は特にそうだった。本書に出てくる悲しい地名の多くは大航海時代に由来するものだ。その時代の探検と結びつくのは、冒険やロマンの物語ではなく、世界を征服し、天然資源を採取し、王国や帝国を拡大し、無教養で野蛮な人々を搾取、キリスト教化しようという野望である。悲しい場所の大部分がかつて植民地だった国 ── 南北アメリカ、

カナダ、オーストラリア、ニュージーランド——で見つかるのは偶然ではない。レヴィ＝ストロースが熱帯に見出した悲しみは、大航海時代からじわじわと積み重なった破壊の跡なのだ。彼が目撃したのは、消えゆく文明、死にゆく世界の悲しみで、そこには彼の研究対象が耐えなければならなかったポストコロニアルの憂鬱が充満していた。

　最初期の地名学者はストーリーテラーであり、地名の忘れられた起源を、歴史、神話、想像を編み合わせて説明しようとしていた。風景はしばしば「言葉」のメタファーとなり、本のように読むことができるともいわれる。その意味で、本書の地名はある種の索引であり、風景というページに書かれたそれぞれの物語のタイトルである。「名前から、その場所である人が何を望み、いかに格闘したかがわかるかもしれない」と、ジョージ・R・スチュワートは『土地の名前 (*Names on the Land*)』に書いている。「そしてまた別の場所で別のある人が何を夢見たか、どう死んだか、どのように出世を目指したか。また別のある人がどんなふざけた冗談を飛ばし、古い名前をねじ曲げて新しい名前をつくったか……名前は土地そのもの、そして人々の冒険と深く結びついていた」

　それぞれの地名の裏に物語が存在するが、本書に出てくる悲しい場所の場合、物語の裏には悲劇的な出来事がある。しかし、それらの出来事の記憶は色褪せ、廃道の錆びた道標のように名前だけが残り、遠い昔の残響をこだまさせていることが多い。本書でわたしは、こうした廃道をたどろうとした。それはしばし

ば曲がりくねり、細い道に分岐し、方向感覚を狂わせる森に向かうが、その森では歴史と神話、虚構と事実、記憶と想像がわかちがたくなる。そのため、本書は思いもよらない脱線の旅でもあり、行き着く先はとらえどころのない奇妙な歴史である――ソヴィエトのSFと宗教的隠遁者、原爆実験地とホテルでの死、ガスステーションの薄気味悪さと人新世の憂鬱。

　これまでもそうだが、おそらくこれからも、わたしは本書に出てくる場所に行くことはないだろう。本書はある種の地名コレクションとして読めるが、旅行ガイド、より正確にいえば、反旅行ガイドとしても読むことができる。憂鬱の黒胆汁に苦しめられ、意気消沈した、わたしたちのための案内書だ。風景が言葉のメタファーとなるように、言葉も風景のメタファーとなる。物語とは想像上の旅、心の風景を巡り歩くことでもある。レヴィ＝ストロースの旅行本では、旅をしないかわりに、「本当の旅の日々、まだ害されても汚されても壊されてもいない、輝かしい光景をすべて見ることができた日々」を回想することが読者に促されている。レヴィ＝ストロースは厭世的な絶望とともにこう書いている。「わたしたちが世界中を旅して最初に目にするのはわたしたち自身の汚物であり、それは人類の顔をめがけて投げつけられている」。そして読者にこう考えさせる。「いわゆる旅の現実逃避にはどんな役割があるのだろうか、わたしたちに歴史のいっそう不幸な面を突きつけること以外に」

　1790年、フランスの作家グザヴィエ・ドゥ・メストレは、決闘の罪で42日間自宅の寝室に幽閉された。わずか36歩のスペー

スしかないその部屋で、ドゥ・メストレは『自室の旅（*A Journey Around My Room*）』という旅行本を書いて退屈を和らげた。42日の あいだ、その小さな空間を広大な大陸であるかのように巡り歩 き、部屋の隅々を果てしない荒野であるかのように探検し、人 類学者になったかのように家具を研究し、見知らぬ土地で終わ りのない鉄道旅をしているかのように窓の外を見つめた。この ような旅や探検を彼は読者に勧めていて、とりわけ貧しい人や 虚弱な人、怠惰な人には、とても手ごろだし、どこでもできて 魅力的だと言っている。想像力が彼を部屋の壁のはるか向こう に連れていき、その旅に彼はこれ以上ない探検熱をもって乗り 出したのだ。

　ドゥ・メストレが実証したのは、わたしたちは物語を通して、 快適な自室を出ることなく、世界中のさまざまな場所を探検で きるということだ。「部屋を旅するとき」と、彼は書いている。 「わたしはめったに直線をたどらない。テーブルから、隅にかけ てある絵のほうへ行き、そこから斜めにドアのほうへ向かう。と はいえ、最初は本当にそこに行こうと思っていても、途中で肘 かけ椅子に出会えば、迷うことなく、さっさと腰を下ろす」

　だから読者のみなさんには、自宅で、お茶を淹れ、肘かけ椅 子に腰を下ろしていただきたい。そうして、地球上でもっとも 悲しい場所の探検に向かっていただきたい。

南極

幻惑島

Deception Island

幻惑島 ★

南極大陸

産業革命の犠牲になったクジラやペンギンが眠る孤島
カルデラ温泉につかった後は火山砂に沈む研究所跡を散策しよう

幻惑島はふつうの島ではない。1908年12月22日、6日間にわたって南極の激しい嵐とひどい船酔いに耐えたプルクワ・パ号の乗組員は、ようやく幻惑島の湯気立つカルデラにたどり着いた。そこは直径12キロの円形の凹地（おうち）で、港のまわりは黒い山々に囲まれており、地獄のような惨状の舞台にふさわしかった。捕鯨船――燃料は石炭ではなく、死んだペンギン――が湾いっぱいに集まり、気味の悪い船のカーニバルのようだった。「ばらばらのクジラの骸（むくろ）が四方八方に浮いている」と、ジャン＝バティスト・シャルコーはプルクワ・パ号の航海日誌に書いている。「死体はまさに切断されているか、あちこちの船の横で自分たちの番を待っている。そのにおいは耐えがたかった」。捕鯨湾（Whalers Bay）の血に染まった浜沿いには、腐敗した死骸と切断された骨のあいだに巨大な鉄のタンクがあり、肉と骨が煮られ、炉が轟音をたてながら昼も夜もなく島を照らしていた。水面に浮かぶ屠殺場となった船の下では、血で汚れたカルデラがぶくぶくと湧き、あたり一面に立ち昇った濃いもやが強烈な死のにおいをあちこちに漂わせていた。浜では、錬金術師が肉と脂肪を油に変え、油を商品に変えていた。

DATA

場所：南緯 62 度 93 分／西経 60 度 55 分
日本からの所要時間：6 ～ 9 日
総費用：115 万円（うちクルーズ代が 90 万円）

　1821年のこと、コネティカット出身で21歳のナサニエル・パーマーが、手漕ぎ船より少し長いくらいのスループ帆船で航海中、この島の内海につながる狭い隙間に偶然行き当たった。そうして彼が発見したのは、眠る火山と、意外なことに、南極でもっとも安全な港 —— 南大西洋の猛烈な風と恐ろしい浮氷（ふひょう）から逃れられる稀有な場所 —— だった。

　彼が探し求めていたのはクジラではなく、オットセイだった。南極において、オットセイは最初に狙われる動物だった —— そして、想像しうるかぎりもっとも持続不可能な方法で狩猟されていた。棒で叩かれるか槍で刺されるかして殺されたあと、その皮は洗われ、樽に詰めこまれ、ヨーロッパや北米、中国に送られた。夏ごとに狩猟者は増え、新たな狩猟場を見つける競争は激しさを増した。夏がわずか5回過ぎるあいだに、オットセイの数は激減し、絶滅寸前となった。「オットセイが不足したあと」と、ある証言者は言っている。（狩猟者を責めるのではなく、再繁殖が間に合わなかったのだろうと言ってオットセイを責めている。）「わたしたちの船はただちにクジラ漁での優位性を確保した」。南極にはあり余るほどのクジラがいて、捕鯨者たちはその貴重な油を貪欲に求める世界市場を見つけていた。

　今日では、過去数世紀のあいだに西洋社会がどれほど鯨油に依存していたかを理解するのは難しい。鯨油は、化粧品、エンジンオイル、洗剤の原料となっただけでなく、織物、黄麻（おうま）、革、リノリウム、縄、ニス、塗料、石鹸、マーガリンの製造にも使われた。また、時計やクロノメーターの精巧なメカニズムの潤

滑剤として利用され、ビタミンとして消費され、爆弾用のニトログリセリンとして2つの世界大戦で欠かせないものになった。しかし、何よりその力を発揮したのは、照明においてだ。いわゆる鯨蠟——蜜蠟や獣脂よりも明るく、きれいで、煙の出ない炎を生み出す——は、切断されたマッコウクジラの頭からバケツで汲み出され、ヨーロッパと北米で、いくつもの家々、街灯、灯台、建物に灯りをともした。鯨油は近代の活力源として欠かせない材料になり、新しい産業世界の血管を駆け巡りながら、時計を動かし、明かりをつけ、爆弾を爆発させた。

　幻惑島は瞬く間に騒がしい捕鯨工場に変貌した。だが、1850年代半ばに考案された灯油が、望ましい燃料としてやがて鯨油に取って代わりはじめる。また、1920年代になると、南極にやってくる捕鯨船には船台が備えられ、クジラをデッキに引き上げて処理できるようになったため、幻惑島のような港は必要がなくなった。処理が速くなるほど採取される油の量は増え、大きな利益が生まれたが、やがて鯨油市場は過飽和になった。その結果は油の価格の急落であり、結果的に、採算の合わない陸上でのクジラの処理は唐突に終焉を迎えた。19、20世紀の鯨油依存は、いくつかの点で、21世紀の石油依存と不気味に似ている。「捕鯨者は海賊のような鉱夫、海の油の掘削者だった」と、フィリップ・ホーアは『リバイアサン、あるいはクジラ (*Leviathan or, The Whale*)』に書いている。「彼らは、地中から石炭を掘り出していた人々と同じように、産業革命の炉に火をともしていた。鯨油と鯨ひげは機械の時代の必需品だった」。1931年には幻惑島の最後の捕鯨会社も廃業し、この島の商業捕鯨は完全に終わ

りを迎えた。

　その後、幻惑島は放棄されたままだっ
たが、1941年に英国海軍が、ドイツ海軍
に利用されないよう、残っていたオイル
タンクなどの備品を破壊した。結果、ド
イツ海軍は姿を見せなかった。だが、アルゼンチンが翌年にや
ってきて、通り一遍ながらも統治権を主張しようとし、看板や
国旗を残していった。その直後、英国が戻ってきて、その国旗
を自分たちの国旗にかえた。1944年、英国の科学者のグループ
が、常設の研究所を設立した。1955年、チリも幻惑島の一部を
占有したいと考え、英国の研究所のとなりに自分たちの研究所
を建てた。多くの国が幻惑島の統治権を主張していたが、争い
は驚くほど少なく、友好的に交流していたともいわれている。し
かし、1960年代の終わりに、幻惑島は望まれざる占有者たちを
追い払うことに決めたようで、立てつづけの噴火によって、研
究所は破壊され、すべてが1メートルほどの泥と灰の下に葬られ
た。

　今日、この島は南極条約体制によって治められており、短い
夏のあいだには、カメラを持った観光客が、黒い火山砂（かざんさ）に倒れ
かかった —— 一部は沈んだ —— 廃墟のあいだを散策している。
イングランドの文芸批評家・哲学者のウィリアム・ヘイズリッ
トは、こんなことを言っている。「人生とは巧みに惑わされる術
である。そして見事な幻惑とは、習慣的で途切れることのない
ものだ」。2007年、豪華客船が幻惑島のカルデラの海に入ろう

として岩にぶつかり、200ガロンのオイルと燃料が湾に流れ出した。ぶくぶくと湧く水はふたたび色を変えたが、今回は赤ではなく、現代の新しい血に染まった黒だった。

幻惑島への行き方

成田空港から乗り継ぎ便でウシュアイア国際空港まで35時間ほど。到着後、南極のクルーズ運行会社の無料送迎バスでホテルへ。翌日夕刻、ワールド・エクスプローラーに乗船し出港。2〜3日目にドレーク海峡を横断。4〜7日目にかけて幻惑島を含むサウスシェトランド諸島と南極半島を観光できる。

世界の終わり

End of the World

★世界の終わり
アメリカ合衆国

ゴールドラッシュの時代が刻まれた荒野の街
あなたが見るのは、一攫千金の夢か、迫害の歴史か

世界の終わり（End of the World）はじつに見つけにくい。それがあるのは、北極でも、南極でも、古代マヤ文明の神殿でも、迷子の船乗りが謎の深海に落ちていく南洋でもない。カリフォルニア東部の、人里離れた荒野の奥地に、ひっそりと隠れている。そこでは、シエラネヴァダ山脈の広大で無慈悲な風景のなかに、かつては希望に満ちあふれていた金探鉱者たちの残骸が無造作に散らばっている。

　1848年1月24日、水車小屋で働いていた男性が、シエラネヴァダ山脈のふもとから蛇行するアメリカン川の砂中に、輝く黄色い粉を見つけた。彼には知る由もなかったが、この偶然の出会いは世界史の流れを変えることになる。『ニューヨーク・ヘラルド』紙がすぐさまこの発見の噂をかぎつけると、たっぷり儲けようと息せき切った何千人もの人々がこのカリフォルニアの山脈に瞬く間に集まってきた。南北アメリカやヨーロッパからだけでなく、遠くオーストラリアやニュージーランド、中国からもやってきた。「カリフォルニア」という言葉はまさに「金」の同義語になり、カリフォルニアドリームは、富と新たなはじまりの約束の地という集合的想像にとらわれることになった。し

DATA
場所：北緯39度2分／西経120度36分
日本からの所要時間：14時間　総費用：15万円

23

かし、その夢を実現できたのは、最初に到着した人々だけだった。1848年の時点ではカリフォルニアに簡単に行ける道はなく、それはアメリカ大陸にいる人にとっても同じだった。アメリカは、ほとんどが広大な未開の土地で、道路や鉄道網が不足していた。東部から西部への陸上での移動は難しく危険で、仮にたどり着けたとしても何ヶ月もかかった。おかしな話だが、東海岸から西海岸へ旅する人の多くは海上を移動し、南米の先端をぐるりと回っていった——8ヶ月にわたる苦しみをともなう厳しい船旅だった。なかには、パナマまで南下してから、カヌーや駅馬（らば）の助けを借りて熱帯の密林を抜け、太平洋側に到着したところでサンフランシスコ行きの別の船に乗るという者もいた。どのルートにも致命的な危険があった。大変な災難——難破、腸チフスやコレラ、先住民による急襲、武装集団による略奪——から、道に迷うというようなありふれた不運まで。

　大地から掘り出された金は、その土地の風景を変えていった。町、そしてそれをつなぐ道路が、にわかに出現した。金の熱にやられた何千人もの新参者を支えるため、あらゆる産業が登場した。1846年にはわずか200人の住民しかいなかった小さな港町サンフランシスコは、1852年には3万6千人の大都市として栄えるようになっていた。金、そしてそれが抱かせた夢の魔力は、錬金術のように、荒野を町に、町を都市に変えた。

　必死に鉱物を探す探鉱者たちは、未踏査の土地に入り込み、カリフォルニアの荒野を奥へ奥へと進んでいった。川床を探しまわり、山腹深くに切り込み、石や土をひっくり返した。地図は持っていなかったし、必要がなかった——ここは未知の土地（テラ・インコグニタ）な

のだから。探鉱者は探検家になった。入植していくなかで、彼らはあちこちに自分たちの経験を反映した名前をつけていった。ラストチャンス（Last Chance）、悪魔峰（Devil's Peak）、地獄穴貯水池（Hell Hole Reservoir）、悪魔口（Devil's Gate）、失われた峡谷（Lost Canyon）、枯枝（Deadwood）、世界の終わり（End of the World）というような名前から、カリフォルニアの探鉱者の直面した厳しい状況が伝わってくる。金の探鉱は多くの人の想像力を魅了する危険な賭けだったが、うまくいくことはめったになかった。ときには貧しい人を豊かにすることもあったものの、鉱夫の大多数はさらに貧しくなるだけだった。とはいえ、貧しいことなど大した問題ではなかった。世界中から厳しい旅を生き残ってきた何千人もの人々にとっては、死が永遠の伴侶になっていた。落石、クマ、病気、矢、溺死などの死の可能性が、意地の悪い影のようにつきまとっていた。

　金の誘惑に苦しめられたのは、不運な探鉱者たちだけではない。採鉱と鉱夫はネイティヴアメリカンに荒廃をもたらした。それまでにも病気やスペイン人による虐殺の計り知れない苦しみに耐えていた彼らを、カリフォルニアの金に飢えた探鉱者たちは狩猟場、漁場、食料採集の場から追い払ったのである。先住民のなかには、自分たちの住居と家族を必死に守ろうとして、鉱夫を攻撃する者もいたが、結局、鉱夫に村人全員を虐殺する口実を与えるだけだった。カリフォルニア州の初代知事ピーター・バーネットは、先住民に残された選択肢は2つだと宣言した——根絶か移動。4千人もの先住民の子どもが奴隷として入植者に売られた。1845年、ゴールドラッシュがはじまる3年前、カリフ

ォルニアには推定15万人の先住民がいた。1870年には、わずか
3万人しか残っていなかった。

富を追い求める不屈の欲望で、鉱夫たちは土地を切り開き、く
りぬき、焦がし、汚染した。巨大な放水砲が山腹を切り裂き、川
は流れを変えられ、せき止められ、森全体 —— 樹齢千年のセコ
イアの巨木も —— が伐採され、有害な副産物、すなわち水銀が
川を流れて魚を殺し、その水はその後何世紀も毒が抜けないこ
とになった。カリフォルニアグリズリーはあらゆる動物のなか
で最悪の目に遭ったといえるだろう。娯楽のない鉱夫たちを楽
しませるために、グリズリーは捕らえられてリングに放り出さ
れ、何も事情を知らない牛などの動物と闘わせられた。牛とグ
リズリーの試合が面白くなくなると、裕福な鉱夫はアフリカの
ライオンを輸入し、興奮をよみがえらせた。最初の探鉱者たち
がカリフォルニアの山に向かってから75年のうちに、カリフォ
ルニアグリズリーはほとんどが殺された。1922年には絶滅が宣
言された。

そしてある日、カリフォルニアのゴールドラッシュは終わっ
た。はじまりと同じくらい唐突に。何千人もの人々は、そのこ
とに気づかず、すでに手をつけられた金鉱地に押し寄せたが、も
はや何も残っていなかった。「幸せな日々は過ぎた」と、ゴール
ドラッシュについてのある歌に歌われている。「鉱山はついにつ
ぶれた……俺には何も残ってない／二度と、二度と見ることは
ない／幸せな、幸せな、はるか遠きわが家を」

カリフォルニアの長い夏のあいだ、観光客はゴールドラッシ

ュの時代の遺跡、過去のトラウマの痘痕（あばた）がいまも残る場所を散策する。くりぬかれた鉱山、崩れた建物、植物が生い茂った道路、完全なるゴーストタウンはいま、朽ちていく記憶、いまだ癒えない地勢上の傷跡として存在しているだけだ。しかし多くの人が、この輝く黄色い鉱物を熱狂的に追い求めた時代をバラ色の眼鏡を通して見ている。何千人もが死に、土地が破壊され、川が汚染され、種が絶滅に追いやられたにもかかわらず。世界の終わりに旅立った人々は、北米史上最大の移住の一翼を担ったが、もとからその土地に住んでいた人々にしてみれば、移住者がもたらしたのは苦痛と破壊くらいだった。

世界の終わりへの行き方
成田空港からサンフランシスコ国際空港まで9時間30分かけて移動。レンタカーに乗り約4時間かけて世界の終わりへ。

カナダ　ブリティッシュコロンビア州

悲哀諸島

Sorrow Islands

ロンドンで伝染病によって妻と子をなくした測量士は、
カナダの島々に名を与え、おのれの悲しい記憶を癒そうとした

1854年、ロンドン。街はまたしても疫病の発生に苦しんでいた。この死の波は、1831年以来、街の貧困層を打ちのめしていた。ちょうど前年には、謎の病気が原因で、ロンドンとニューカッスルだけで1万人以上が死んだ。1854年の晩夏、その病気がふたたびロンドンを襲い、今度は特にソーホー地区に深刻な被害をもたらした。9月の最初の3日間で127人が死んだ。1666年の腺ペストのときと同じように、人々は田舎に逃げ、からっぽで貧しい街が残った。

人々が思い出せるかぎりずっと、煙霧（えんむ）がロンドンにかかっていた。この消えることのない灰色の霧は、石炭炉、ビール醸造所、石鹸工場、石灰工場から流れ出る有害な蒸気だった。「ある程度、有毒な煙が原因であるようだ」と、ジョン・ラスキンは日記に書いている。「きっとそうだろう……だが、ただの煙がこれほど荒々しく吹き荒れることはないだろう。わたしには、それよりも、死者の魂が霧になっているように思える」

黒い煤煙（ばいえん）と汚物の層が、船底のフジツボのように、街のあちこちにへばりついていた。暑い夏の太陽の下で、テムズ川は人間と動物の糞便が煮え立つ汚水だめとなり、そのにおいがあまりにもきつかったため、当局は塩化物と石灰と石炭酸を混ぜた

DATA

場所：北緯 51 度 24 分／西経 127 度 55 分
日本からの所要時間：22 時間　総費用：22 万円

ものを放り込んで抑えようとした。しかし、この川の悪臭でさえ、街の毛穴にまで棲みついていた逃れられない死のにおいとは比較にならなかった。謎の病気の原因はやはり空気そのものだとされたが、人々の集合的想像では、それはひどく腐敗し、変幻自在な悪の存在に姿を変えたのではないかと思われていた。この存在が特に恐ろしかったのは、だれを襲ってだれを見逃すかがわからないという点だった。これは街の人々の脳裏にこびりつく白昼の悪夢であり、その力はとらえがたく、追いつめることも止めることもできなかった。そのころロンドンに住んでいた画家のロバート・シーモアは、白い敷布をまとってロンドンを闊歩する巨大な骸骨の絵を地元紙で発表した —— その骸骨は、長い骨の腕を上空で伸ばし、不吉な暗い霧に覆われている。戦いようのない市民にできることは、名前を与えることくらいだった。そうしてこの悪の存在は「瘴気」と名づけられた。暗闇が街を包み込むと、この瘴気が現れ、うねうねと街路を進んでいくと考えられた。あえて外に出てみたり、きちんと家を閉じるのを怠ったりした者は、この魔の手からほぼ逃れられなかった。

　このような街に、英国海軍の測量士ダニエル・ペンダーは、妻と2人の小さな娘と住んでいた。ペンダーについてはほとんど知られていることがないが、ファルマスに停泊しているレナード号で任務にあたっていたときに、ロンドンにいる家族の具合が悪いという知らせを聞いたという。彼はすぐに街に戻ることにし、一日たらずでたどり着いたが、その時点で、もはや夫でも

父親でもなくなっていた。

　やはりロンドンに住んでいた医師のジョン・スノウは、この謎の伝染病について、眉唾物と思われるような新しい理論を編み出していた。1854年9月8日、彼はソーホー地区の共同の井戸ポンプから取っ手を取り外した。するとすぐにこの地区の疫病は終息し、数ヶ月後には犯人が特定された。多くの人が信じていた有害な蒸気ではなく、アジアコレラが、空気を通してではなく、市の飲み水を通して広まっていたのである。

　しかし、ダニエル・ペンダーにとっては遅すぎた。人をひとつの場所につなぎ留めるあらゆることから解放された者ならではの素早さで、彼はロンドンを出て海に戻った。3年が経ち、まだ悲しみにとらわれていたペンダーは、ブリティッシュコロンビア州の広大な沿岸地域を調査する任務にあたっていた。新しい国のだだっ広い海岸線の原野を地図化し、名前をつける仕事だった。1857年から1870年までのあいだに、それまでの地図ではあいまいにしか記されていなかった山、湾、島、海峡、川、入江を調査し、名前をつけた。この魔法のプロセスを通して、ペンダーは、命名とは記憶のはかなさと闘うものであり、同時にみずからの過去の悲しみを癒してくれるものだと知った。1863年、彼は荒廃号のキャプテンとなり、そこから荒廃海峡（Devastation Channel）という名前をつけた。ほかの名前に関しては、それまでの人生から着想を得ている。バンクーバー島の西海岸沖の小さな島々には、チャールズ・ディケンズの小説『ドンビー父子』の登場人物たちの名前をつけた。

キャルパート島

★悲哀諸島

　1666年のロンドンの大疫病のあいだ、「アブラカダブラ」という言葉を、下向き三角形のかたちで家の玄関に書くことが広く行われていた。マジックの定番文句となる前、この言葉には神秘的なお守りの力があると信じられていた。アブラカダブラという言葉を初めて病気の予防薬として処方したのは、紀元3世紀の医師クィントゥス・セレヌス・サンモニクスだ。だが、その起源はさらに古く古代アラム語にまでさかのぼるかもしれず、そこでの意味は「わたしが言葉で言うとおりになる」だったという。言葉や名前に秘められた性質があるという考えは、ドイツのおとぎ話『ルンペルシュティルツヒェン』にも見られる。その話では、粉屋の娘が自分の子どもを守るために小人の名前を言い当てなければならない。どちらの例もが示しているのは、名前は何かを特定するものであるだけでなく、守護や救済の力を持ちうるということだ。ペンダーは、悲哀（Sorrow）と悲嘆（Grief）という名前を使い、風景を物語に変えた──それは読まれ、旅されることもあれば、素通りされることもあるだろう。

悲哀諸島への行き方
成田空港から9時間ほどかけてバンクーバー国際空港へ。同空港からホースシュー・ベイまでタクシー移動。フェリーで島東岸にあるナナイモへ。北部東海岸にあるポート・ハーディーまでタクシーで移動し、プリンス・ルパート行きのフェリーに乗船。4時間後、約5km 先の海上に悲哀諸島が見えてくる。船を借りれば上陸も可能。

どこにも行かない道

Road to Nowhere

アメリカの「秘密基地」を望む、狭い未舗装の道は
WWⅡと冷戦時代の緊張をくぐり抜けた幸運の地

どこにも
行かない道

カナダ

　少し曲がって錆びた柱が、この道の
はじまりを不吉に示している。か
つては道の名前が書かれた標識もあった
のだろうが、もはや跡形もない。狭い未舗装の道は、低い丘を
蛇行し、最近建てられた木造アパートが並ぶ一画を抜けていく。
原色一辺倒のそれらの建物は、塗り絵の本から飛び出してきた
派手な絵のようで、真っ白な北極地方の風景と対比をなしてい
る。道の右手に見えるのは死犬湖（Dead Dog Lake）だ。起伏した
木のない土地──季節によって、深い雪景色かツンドラの湿原
が広がっている──を進んでいくと、この道はようやく周囲の
風景に溶け込み、そして唐突に途絶える。ついにどこでもない
ところ（Nowhere）が見つかると期待するだろうが、実際には、閉
鎖された射撃練習場の錆びた門が目に入る。

　どこにも行かない道（Road to Nowhere）は、イカルイトの外れ
にある。カナダの州都のなかでもっとも小さいイカルイトは、国
のはるか北東の凍った海岸沿いに位置する町だ。地理的にはカ
ナダよりもグリーンランドの首都に近く、国内のほかの地域と、
道路、鉄道、そして1年の大半は船でもつながっていない唯一の

DATA

場所：北緯63度45分／西経68度28分
日本からの所要時間：30時間　総費用：21万円

主要都市である。まさにどことも知れぬ僻地にあり、少なくとも1つの道はたしかにどこへも行かない。不思議なことに、このような孤立状態にもかかわらず、ここはカナダでもっとも成長のスピードが速い州都でもある。

　とはいえ最近まで、イカルイトはごく少数のイヌイットの漁師が住むちっぽけな海岸沿いの村にすぎなかった。すべてが変わったのは第二次世界大戦中のことで、アメリカ空軍が、予告なく、町の外れに秘密の基地を建設した。クリスタル・ツーというコードネームがついたこの空軍基地は、北米からヨーロッパの激戦地に空輸補給品を送るアメリカとカナダの輸送ライン、クリムゾン・ルートの一部をなした。小さな北極の村は瞬く間に騒がしい軍事拠点となり、何百人もの建設労働者、行政・軍事関係者が住むようになった。戦争が終わったときには、千人以上の定住者がいる小さな都市になっていた。そして1959年から62年、アメリカがソヴィエトにもっとも脅威を感じていた時代に、北アメリカ航空宇宙防衛司令部（NORAD）が市の外れに秘密のレーダー基地を建てた。それは太平洋から大西洋まで、北極地方のあちこちに建てられた何百もの秘密基地のうちのひとつである。見えない防衛線は、アラスカからアイスランドまで、およそ1万キロにわたって延びていた。その目的は、アメリカへ向かってくるソヴィエトの爆撃機と戦艦を探知、妨害することだった。侵略が差し迫っていると、多くの人が考えていた。

　いまとなっては、1950年代から60年代初頭までのアメリカの集合的想像にとりついていた絶え間ない恐怖を想像するのは難しい。空襲のサイレンが無数の町や都市で導入された。学校、商

店、行政施設の地下に掩蔽壕が造られた。家のテレビには、無警戒の土地を焼きつくす恐ろしいキノコ雲が映し出された。郊外の中産階級の家庭は、裏庭に核シェルターを造り、豆やスパムの缶詰を貯蔵した。学校では、子どもたちがガスマスクを着ける訓練をした。核戦争の政治的複雑さとは無縁の子どもたちは、バートという漫画のカメのキャラクターから、学校の脆い木製の机の下にどのように潜り込むかを教えられた。「カメのバートは気を抜かない」と、民間防衛のプロパガンダ映画は覚えやすい歌に乗せて子どもたちに伝えていた。「危険が迫っても大丈夫、何をすべきかわかってる……かがむ！　そして隠れる！　かがむ！　そして隠れる！」。1961年10月30日、ソヴィエトが50メガトンのツァーリ・ボンバ ―― 広島と長崎を壊滅させた爆弾を合わせた1570倍の威力 ―― を北極地方の僻地の群島に投下すると、カメのバートにはもっとよいアドバイスが必要だということが明白になった。

　アメリカ政府は冷戦中に何度か苛立ちを募らせ、世界を前期石器時代に戻す寸前までいった。そのような黙示録的出来事のひとつが起きたのは、1961年11月24日で、米国戦略航空軍団とNORADのいくつかのレーダー基地を結ぶ通信回線が突如不可解に途絶えた。基地からの通信が同時に途切れるというのは説明がつかなかった。なにしろ、こうした予期せぬ信号の切断を避けるために、フェイルセーフの仕組みが数多く設けられていたのである。大慌てで原因を考えるうち、みなが思い描いていた最悪の恐怖が現実となった ―― ソヴィエトの全面的な核攻撃がはじまった ―― と判断された。米国じゅうの空軍とミサイル

基地が非常態勢をとった。核弾頭を積んだB-52爆撃機が滑走路に出て、離陸に備えた。拷問のような12分間、だれもが息を殺して反撃の命令を待っていた。しかし、まもなく命令がでるかというときに、事実が判明した。通信線はコロラド州の1ヶ所しかない電話中継局を通っていたが、その夜はモーターが過熱し、レーダー基地と好戦的な指揮官 —— 震える指を大きな赤いボタンの上に置いていた —— のあいだの通信を切断していたのである。

　知ってのとおり、ソヴィエトは決して襲来せず、爆弾も落ちなかった。米国じゅうの核シェルターはワインセラーに変わり、糧食は消費期限が切れ、ガスマスクは記念品となり、カメのバートはあっさりと公職を退いた。時とともにコミュニストの恐怖は鎮まり、記憶から消えていった。北極のレーダー基地もだぶつき、やがて新しい衛星技術に取って代わられた。しかしいまも多くが、雪に覆われた北の土地にぽつんぽつんと放置され、余計な戦争の古びた象徴と化している。イカルイトの外れ、どこにも行かない道の最果てに立ち、北の方角を見ると、うねるツンドラの湿地と沼の遠い向こうに、NORADのレーダー基地の白いキノコ型のドームが見える。それは歴史の遺物、ある道の見捨てられたモニュメントで、幸いなことに、その道はどこにもつながっていなかった。

どこにも行かない道への行き方 ―――――――――――――――――

羽田空港から2〜3ヶ所を乗り継いでイカルイト空港に約30時間かけて移動。空港からタクシーで約20分走り、どこにも行かない道へ。

オーストラリア　南オーストラリア州

絶望山
Mount Hopeless

オーストラリア

★絶望山

青年は旅の序盤に登った山を「絶望山」と名づけた
それがまだ、絶望のはじまりに過ぎないことも知らずに

　　南オーストラリアの奥地、これといって特徴のない風景の
　　なかに、這いつくばっているような石の山がある。この
場所に、1840年9月2日、エドワード・エアは沈んだ気持ちで立
っていた。自分が来た方向以外どこを見ても、きらめく塩湖が
地平線まで伸びていた。エアの遠征は計画どおりには進んでい
なかった。

　その70年ほど前にヨーロッパ人が初めてこの大陸に足を踏み
入れて以来、島の広大な内地にはどんな計り知れない謎がある
のだろうかと、さまざまな噂が渦巻いていた。内海や巨大な川
のネットワークがあると推測する人もいれば、緑豊かな田園を
想像する人もいた。証拠のない主張をするのは簡単なことだっ
た。海岸から遠くへ歩を進めたヨーロッパ人はまだいなかった
から、どんなにでたらめな推測でも論破されることはなかった
だろう。1827年、イギリス東インド会社の元職員トーマス・マ
スレンは、『オーストラリアの友人（*Friend of Australia*）』という本
を出版した。マスレン自身はオーストラリアに行ったことすら
なかったが、探検の手引きを作成するのに支障はないと考え、謎
に包まれた大陸の内地に入り込んでいこうとする人へ向けた地
図と解説の本を完成させた。この本の最大の主張は、巨大な内

DATA　　場所：南緯 29 度 41 分／東経 139 度 40 分
　　　　日本からの所要時間：32 時間　総費用：10 万円

海が大陸の中心部を占めていて、それが大きな三角州でインド洋につながっているというものだろう。マスレンは地図も描いて説明している。「恵み深い造物主が生み出すものを予想することはできないにしても、われらが惑星の表面に欠陥があるとは思えないが、もしこのような大陸に水のはけ口がなかったとしたら、その一例となるに違いない」と彼は書いている。北米にミシシッピ川、南米にアマゾン川、アフリカにナイル川、アジアにガンジス川とメコン川があるように、恵み深い造物主は当然オーストラリアにも大きな――しかも内海にまでつながる――水系を授けただろうというわけだ。内海の説に自信を持っていたマスレンは、真の内地探検家は船を一式持っていくのが賢明だと主張した。この本は成功したが、それは売り上げや情報の有益さにおいてではなく、内海神話に火をつけたという点においてである。

　その10年後のこと、やせこけた、青白い顔の、穏やかな話し方をする23歳のエドワード・エアが、これを最後に決着をつけようと決めた。彼がオーストラリアへ旅立ったのは、イングランドの軍隊、大学、うるさい親から逃れるためだった。そして何より探検家になりたく、その夢を実現するには新しく発見された未知の土地（テラ・インコグニタ）以上の場所はなかった。到着し、牧羊に失敗したあと、その群れを新しくできたアデレードの町に連れていって売り、ちょっとした額を稼いだ。その資金で、ついに冒険の夢を実現できることになった。1840年6月18日、5人のヨーロッパ人のチーム、親友のジョン・バクスターとワイリー、2人のアボリジナルのガイド、13頭の馬、14匹の羊、3ヶ月分の物資と

ともに、エアはアデレードを旅立ち、まっすぐ大陸の未踏査の内地へ向かった。

　3ヶ月後、彼らがいたのは、緑豊かな田園ではなく、「むき出しの、草木のない、塩に厚く覆われた、想像しうるかぎりもっとも悲惨で憂鬱な」場所だった。エアは石の山を登り、意気消沈した状態で、渡ることのできない水の風景をじっと見つめた。

　彼は大きな水域を見つけていたが、アデレードにあまりにも近く、明らかに神話上の内海ではなかった。「絶望山（Mount Hopeless）を登った」とエアは日記に書き、意図せず山の命名をした。「喜びも希望も、ぼくらの前にはまったく見えなかった。これでぼくの遠征の夢は絶え、期待にあふれていた計画に終止符が打たれた。いま目の前に広がっている光景は、だれよりも燃える情熱を冷ませたか、だれよりも疑い深い心を消してしまった」

　不幸なことに、エアの遠征はますますひどい状況になるばかりだった。内地を発見する希望をいっさい捨てたあと、一団ははるばるアデレードまで戻り、補給をし、今度は未踏査の海岸線に沿って南西に向かった。2ヶ月間、焼けつく砂漠の太陽の下を西へ進んでいった。左手では、切り立つ崖が波打つ海に沈み、右手には、敵意むき出しの砂漠が果てしなく広がっていた。

　彼らにできることは、前進しつづけるか、恥をしのんでふたたび撤退するかだけだった。徐々に明らかになってきた苦難に間違いなく責任を感じたエアは、一団の多くをアデレードに帰らせ、バクスター、ワイリー、2人のアボリジナルのガイドだけ

と続行することにした。数週間が
数ヶ月になると、旅は生存のため
の訓練のようになった。水を求め
て穴を掘り、砂漠の低木の朝露を
なめた。羊と馬は死んだ。物資は
捨てた。ときおり、この哀れな一団を不憫に思い、水が手に入
る場所を教えてくれるアボリジナルの部族民に出会うこともあ
った。そして、これ以上の災難はないと思われたころ、2人のガ
イドが残っていた物資の多くを奪い、ジョン・バクスターを殺
して砂漠へ逃げた。エアは打ちのめされた。彼とワイリーには
食べ物も水もなかった。だが2人は、燃えるような暑さのなか、
実りなき歩行をつづけた。行き先はほぼ間違いなく死だ。数日
後、彼らは腐敗しつつある馬の死骸を見つけ、やけくそになっ
てそれを食べた —— 当然のことながら死にかけた。そして、惨
憺たる旅がはじまって1年になろうというとある日、餓死寸前の
彼らは海岸の少し沖に船が停泊しているのを見つけた。急いで
崖を這い降りると、まもなく、フランスの捕鯨船ミシシッピ号
の船上にいた。船員たちは飢えた2人を不憫に思ったが、わずか
な物資を与えることしかできず、すぐに不毛な旅へ送り返した。

　アデレードを出て1年以上が経ったある日、やせ衰えた2人の
男は海沿いの小さな町、アルバニーにたどり着いた。それまで
に歩いたのは2500キロ、ロンドンからモスクワに匹敵する距離
だった。この旅に彼らは多くのことを教えられた —— 砂漠で水
を見つける方法、腐りかけの動物を食べてはいけないというこ
と。そして、鍛錬を重ね、きれいに日焼けしたが、結局、この

国の内地に何があるのかは謎のままだった。エアの遠征はこの国の広大な土地に関する新たな知識を何ももたらさなかった。皮肉なことに、旅の運命を予知したあの塩湖に、彼は名前を貸し、後世に伝わることになる。〔エア湖と名づけられたこの塩湖は、オーストラリア最大の湖として知られる。〕エドワード・エアはアデレードに戻ったが、くたびれ、やせこけ、探検の意欲はすっかり失っていた。

絶望山への行き方 ─────────────────

成田空港から乗り継ぎ便でアデレード空港まで約17時間。空港からレンタカーで約15時間かけて絶望山へ。

アメリカ合衆国　アリゾナ州

無し

Nothing

アメリカ合衆国
★無し

風変わりな蚤の市が開催されるアリゾナ砂漠のど真ん中
渡り鳥のような旅人たちはここでしか手に入らない「無し」をもとめて集まる

無し（Nothing）がゴーストタウンなのはお似合いに思える。アリゾナの灼熱の砂漠のなか、物悲しい国道93号線沿いのラスヴェガスとフェニックスのあいだで、熱風はこの町の朽ちかけの構造物をゆっくりと腐食し、忘却のかなたへ追いやる。この町を描写しようとする人は、写真を撮るようにしなければならない —— 溶けゆく南極の氷河のような絶え間ない崩壊の過程、その止まらない流れの一瞬をとらえるのである。

その一瞬の光景はこうだ。砂のように白いガスステーションが頑なに重力に逆らうように傾いている。その2つの窓には「立入禁止」と黒いスプレーで殴り書きされている。なんとも風刺的な名前の、もぬけの殻の「万屋（All-Mart）」のまわりを、無造作に散らばったゴミが飾り立てている。ソファの骨組み、ビール瓶、花模様の下着 —— こうしたものはなぜか必ずこのような場所に現れるようだ。もっとも興味深いのは、かつて「無し岩石店（Nothing Rock Shop）」だったところのコンクリートの土台だろう。その店は、アリゾナの砂漠でいくらでも手に入る数少ない資源のひとつをロードサイドの立派な土産品に変えようとする、素晴らしくやけっぱちな試みだった。町の標識の、二重に意味がとれる宣言は、こうはじまっている。「無しの忠実な市民

DATA

場所：北緯34度28分／西経113度20分
日本からの所要時間：8時間　総費用：10万円

は、労働倫理への希望、信仰、信念にあふれている」。しかしそこで急に虚無的なUターンをし、現在形から過去形に変わって、先の主張を否定したうえで、絶望的なあきらめの光景を伝える。「長年にわたり、この地の献身的な人々が信仰してきたものは無し、望んできたものは無し、働いてきた場所は無し、その目的は無し」

　アメリカの砂漠は、不思議なフロンティア、空想的な遊び場であり、秘密の軍事技術が試され、UFOが空を飛び、原子爆弾が爆発し、社会に幻滅した人々が新しい自分となるために避難する場所だ。無しは、見込みのない都市開発の実験だった。1977年に誕生したこの町は、アリゾナ州最小の町となった。1980年代初めのごく短い好況のあいだには、人口は計4人にまで増えた。ここを通りかかる人は、ガソリン、食料品、鉱物を求めて立ち寄ることがあった。ときどき通るトラック運転手、掃除機のセールスマン、道に迷った行楽客以外にも、無しの不敵なロケーションは特殊な旅行者を惹きつけた。移動する「避寒客」*スノーバード* ―― キャンピングカーを遊牧*ノマド*の家にして、冬のあいだ南へ旅する老後生活者だ。元々はフロリダ州がスノーバードの行き先として好まれていたが、南部のほかの温暖な州にも季節限定のキャンピングカーの街が出現するようになった。無しのわずか200キロ南にあるクォーツサイトでは、北米で最大のスノーバードの集まりが見られ、圧倒されるようなキャンピングカーの街の光景が広がっている。何千人もの人が冬に集まってきて、老後生活者のコミュニティ ―― 奇妙な仮のコミュニテ

ィ──を形成するが、彼らに共通するのは寒さへの嫌悪感とキャンピングカーのノマド仲間のなかにいたいという思いくらいだ。1月中旬には、毎日2万6千台もの車が押し寄せてくる。じつに17万5千台の豪華なモーターホーム、改造ヴァン、スクールバス、トレーラーが、町の両側11キロにわたってにぎわう79のトレーラーパークに、となりの車とくっつくほどの間隔でぎっしりと集まる。夏の終わりごろから、クォーツサイトは砂漠に広がるカーパークと化し、無数のモーターホーム、プラスティックのデッキチェア、パラソル、堅い革のような皮膚が、アリゾナの太陽の下で焼け焦げている。

　クォーツサイトの呼び物は蚤の市で、無用なものが騒がしく交換、消費されている。不思議なことに、目玉商品はチェーンソー彫刻やアフリカンアートの模造品、シャグカーペット、風車、手製のほうきではなく、岩石だ。1965年、採鉱の町クォーツサイトは「パウワウ岩石・宝石・鉱物展示即売会」を初開催したが、これはいまでは年に一度開かれるアメリカ最大級のミネラルショーだといえるだろう。近ごろは大規模な岩石・鉱物即売会が8つ行われているうえ、無数の売り手が地質学的産物を無限に並べて売っている。岩石はクォーツサイトの市場において、役目も価値もない摩訶不思議な性質のものである。しかしながら、たしかに社会の潤滑油となっていて、それが売買されるのは、価値があるからではなく、まさに値打ち無しだからだ。

　「nothing」は名詞として役目を果たしていないといえるかもしれない。指す対象が存在しないのだから。しかし、「nothing」

は概念であり、概念は、たとえ無形であろうと、モノであると
もいえるかもしれない。わたしたちはこの世のなかで存在と同
じくらい不在を経験しているのであり、「nothing」のような言
葉はそのことの例証だとも考えられる。

　1958年、アーティストのイヴ・クラインは、パリのイリス・
クレール・ギャラリーで「空虚 (La Vide)」という展覧会を開い
た。展覧会に先立って大規模な宣伝が行われた結果、オープニ
ングの夜は、何百人もの熱狂的なパリっ子が期待に胸を躍らせ
て路上に列をつくった。展覧会の神秘性を高めるため、正装の
共和国親衛隊員2人がギャラリーの入口に立っていた。ドアがつ
いに開き、人々が駆け込むと、彼らに衝撃を与えたのは、見た
ものではなく、見なかったものだった ── ギャラリーは完全に
からっぽだったのである。意外なことに、この催しは大成功と
なった。「熱狂だ」と、クラインはオープニングで述べた。「じ
つに多くの人が集まり、動くこともできない」。クラインが芸術
作品だと考えたのは、からっぽのギャラリーではなく、内部の
からっぽさ ── 「nothing」そのものの存在だった。ギャラリ
ーのなかは、すべてが取り除かれていた ── 芸術作品といえる
いかなるモノも、手仕事の熟練の技も、パフォーマンスをする
アーティストも存在しなかった。完全な不在が創造のキモであ
り、アーティストなきアートの論理的帰結となっていた。

　2月の終わりから3月の初めの数週間、クォーツサイトの季節
居住者はキャンプと屋台を畳み、年に一度の移動の儀式を再演
する。大切な石 ── 買ったもの、交換したもの、見つけたもの、

もらったもの —— を注意深くキャ
ンピングカーに積み、白い鳥の長
い行列のように、アリゾナの砂漠
を一台一台去っていくが、その一
部はかつて無しだった町の廃墟を通過する。2005年、放棄され
てから長い時間が経った町は、元養豚家に売られ、その人物は
看板を立ててこう約束した。「新しい無し、まもなく誕生」

無しへの行き方 ————————————————————

成田空港から乗り継ぎ便でラスヴェガスにあるマッカラン国際空港まで約15時間かけて移動。
レンタカーを約3時間走らせ、無しへ。

空間の地図学

アムステルダムの、わたしが住んでいる場所から遠くないところに、プリンス・ヘンドリック・ホテルがある。1988年5月13日の午前3時10分ごろ、このホテルの外で、チェット・ベイカーの死体が歩道に横たわっているのが発見された。ベイカーはある時期、モダンジャズのもっとも名高いミュージシャンのひとりだった —— 心をとらえるトランペットと、ビロードのような憂いのある声が、世界中の電波に乗って流れていた。彼はホテルの部屋にひとりで滞在していて、常習していたヘロインとコカインに浸っていたところ、窓から少し身を乗り出しすぎたようだ。わたしはこのホテルの前を通るとき、ときどき車を止めて、観光客が死体発見場所近くのホテルの壁に飾られた銅製の記念銘板を写真に撮っているのを眺める。セルフィー棒をかまえたカップルがよく、記念銘板の前で抱き合ったり、ベイカーが落ちた窓をまぶしそうに見上げたりしている。ときには、歩道に横になって、薬物中毒だったジャズミュージシャンの死体のポーズをとる者もいる。

ホテルはこの思わぬ不幸をすぐに利用した。熱心なチェット・ベイカー巡礼者は210号室をリクエストする —— ホテルが「チェット・ベイカー・ルーム」と名づけた部屋である。それを知っているのは、わたしもそうした人々のひとりだったからだ。わたしは5月13日に210号室に泊まりたかったが、より熱狂的な巡礼者に先を越されていたため、しぶしぶその数日後に泊まった。夕方、暗い部屋にひとり座り、ビールを飲み、1954年の名盤『チェット・ベイカー・シングス』を聴いていた。窓越しに街の灯りが揺らめき、その瞬間わたしは、うまくいかなかったが、1988年5月の夜にベイカ

ーが感じたことを何かしら感じよ
うとした。その晩の絶頂は午前3
時9分に訪れた。窓を開け、下の
歩道を見ると、灰色のセメントが
午後の雨で濡れたままで、タバコ
の吸いさしが散らばっていた。「部
屋の壁がブルーに消えていく」と、
暗い部屋でチェットが歌っていた。
「そしてぼくはきみの夢の深みにい
る」

　わたしは無人のフロントデスク
にルームキーを置き、静かな夜気
のなかに歩き出した。車に乗り、
眠る街を走り抜けて家に向かいな
がら、未来の儀式のためにある場
所を祭るという、現代の神話づく
りへのささやかな貢献ができたこ
とに満足していた。ベッドに横に
なり、朝日が部屋を照らし出すと、
わたしのあとにつづく巡礼者たち
のことを思った。彼らはこれから
何世紀も、毎年毎年、そこに戻っ
てきては、褪せていく記憶が鋭く
蘇るのを一時的に感じ、その場所
から発せられる不滅のかけらを探
し求めるだろう。

*

　銀色の薄いもやが曲がりくねっ
た道にかかり、エアコンが小石の
詰まった回転式乾燥機のようにガ
チャガチャ音を立てていた。Sは
大きすぎるハンドルを両手でしっ
かりにぎり、一心に遠くを見てい
た。車は時代がかったビュイック
のステーションワゴンで、かつて
はカナリア色だったが、褪せて汚
れた歯のような色になっていた。
陸の旅の黄金時代の遺物、グレー
ト・アメリカン・ロードトリップ
の象徴だ。わたしたちはマサチュ
ーセッツ州ケープコッドにいて、エ
ドワード・ホッパーの1940年の
絵画『ガス』に描かれたガスステ
ーションを探していた。

　ひとり旅の権威であるホッパー
は、長い年月をケープコッドで過
ごした。サウス・トゥルーロの静
かな浜辺沿いにサマーハウスを建
て、ポストモダニティ、移動、家
庭生活というモチーフが交わる寂
しい交差点を探し求めていた。わ
たしは数夜をかけて、ブログ、記
事、Googleマップをあさり、ガ
スステーションの場所を調べた。
2010年4月4日の『ボストン・
グローブ』の記事は、ガス

ステーションはトゥルーロの南の国道6号線沿いのどこかにあると伝えていた。それによれば、建物は深刻な荒廃状態で、取り壊しの危機にあり、その疑わしい歴史的価値にはだれも関心がないのだということだった。記事が出てからは年月が経過しており、わたしはケープコッドにすぐさま巡礼に行くべきだと考えた。

「ロードトリップに行かない？」わたしはSに訊いた。そして、いつでも海に入れる、ニューイングランドの新鮮なロブスターが食べられる、と言って誘い出した。

わたしたちは国道6号線の同じところを何時間にも思えるあいだ行ったり来たりし、結局は道を訊くことにした。モビー・ディックというレストランのからっぽの駐車場に車を止め、店内に入った。オール、ブイ、救命胴衣、錨、魚網、そのほか無数の海の道具があちこちに吊り下げられていた。Sがカウンターで呼び鈴を探していると、女性がキッチンから出てきた。彼女はニューイングランド人らしい笑顔を輝かせ、魚の内臓がこすりついたエプロンを着

けていた。わたしたちが状況を説明すると、彼女は同情しながらもお手上げのようだった。そこで別の女性が現れ、あらためて何を探しているか説明した。この人はわれらが幻惑のガスステーションがあるかもしれない場所を知っているようで、ナプキンに赤いペンで簡単な地図を描いてくれた。わたしたちは礼を言い、ディナーを食べにくると約束した。この古風なテクノロジーを装備すると、わたしが運転し、Sがナヴィゲートしたが、彼女はナプキンの地図を壊れたコンパスのようにいろいろな方向に回していた。

＊

わたしはいつからか、多くのアーティストがなぜか昔からガスステーションに夢中になっていることについて考えていた。まず、エド・ルシェの1963年のアイコニックな写真集『26のガソリンスタンド（Twentysix Gasoline Station）』がある。これは議会図書館が初めて受け入れを拒否したモダンアーティストの本として知られているが、い

まではAmazonで数千ドルで売られている。あるいは、アンディ・ウォーホルの1985年の絵画『モービルガス（Mobilgas）』。あるいは、最近の例を挙げると、ファッション写真家デイヴィッド・ラシャペルの幻覚的な作品群『ガスステーション（Gas Stations）』。そして、もちろん、ホッパーがいて、彼こそがこの不思議とつづくアート現象を生み出した。

1940年、ホッパーが『ガス』を描いたとき、車とガスステーションはアメリカの風景のなかで徐々に一般的なものになってきていた。個人による移動（パーソナル・モビリティ）はもはや特権階級のみに許された贅沢ではなく、だれもが享受できるものだった。『ガス』に描かれているガスステーションは小さな白い木造で、古風な農家の家のように見える。開いたドアと窓から、黄色い光が赤いガスポンプの並びのほうへ、そしてその奥の道路へと伸びている。日中は、きっと素朴で感じがいいのだろう —— しかし、夜のとばりが下りると、際立って不気味（ウンハイムリヒ）に見える。まわりは暗く不吉な森。薄れていく光が、ぼんやりとした雰

囲気をあたりにもたらしている。夜の訪れと曲がりくねった道が暗示するのは、移り変わる場所、あるいは逸脱の瞬間だ。

わたしは常々ガスステーションは不穏なものだと思ってきたが、それにはもっともな理由があるのだ。そこは人工の空間であり、ことそこ、現実と想像のあいだに浮かぶ、あいまいな構造物なのである。あるいは、この性質ゆえに映画向きなのかもしれない。たとえば、1974年の映画『悪魔のいけにえ』に出てくるガスステーションは、ラストチャンス・ガスステーションというぴったりの名前がつけられている —— この建物は現存し、ぶっ殺すバーベキュー（We Slaughter Barbecue）という店になっている。あるいは、ヒッチコックの『鳥』の古風な1950年代の海辺のガスステーションでは、不運な男が狂ったカモメの群れにつつかれて死ぬ。そしてもっとも恐ろしい例は、1988年のオランダ映画『ザ・バニシング-消失-』だろう。この映画では、レックスとサスキアという若いカップルが車でフランスへ夏のヴァケーシ

ョンに行くが、騒がしいフランスのハイウェイのガスステーションに立ち寄ったとき、サスキアがビールを買いに行ったまま姿を消してしまう。レックスは半狂乱状態で捜索をはじめるが、やがて強迫性障害のようになってくる。捜索は何年にもわたり、ようやく彼はサスキアの誘拐犯と顔を合わせる。結末はひどく心をかき乱すもので、スタンリー・キューブリックはこれまで観たなかでもっとも恐ろしい映画だと言った。

サスキアがガスステーションで消えたのはもちろん偶然ではない。映画というものと同様、ガスステーションも場所のない世界に存在している。それは薄気味悪い孤島であり、場所や記憶とつながっていない場所だ。ホッパーはガスステーションをアートの世界に持ち込んだ最初の人物かもしれないが、Sとわたしはガスステーションアートの最初の巡礼者になろうとしていた。

*

ナプキンに描かれた細い

Xのマークに近づくと、心臓が胃にまで落ちてきた。Sは道を外れ、森を切り開いた地面に車を止めた。わたしたちは陰のない真昼の日差しの下に出ていき、目を細めて腕組みした。そこにはたしかに建造物があった。しかし、徹底的に破壊の施しを受けていて、かつて建物だったということがどうにか認識できる程度だった。四方の木の壁とブリキの屋根は、割れた風船のしおれた残骸のようだった。わずかな新緑の葉が、崩れゆく堆積物を飾っていた。

車が絶え間なく矢のように流れていく道路の反対側には、これから存在しようとしている建物のコンクリートの骨組みがあった。たっぷりと日焼けした2人のヒスパニック男性が、積み荷のうしろから長いプラスティックパイプを降ろしていた。それを見て、建設中の建物は「反転した廃墟」だと言ったロバート・スミッソンのことを思った。わたしたち2人は車の前部に寄りかかり、焼けつくような太陽を遮るために目を覆った。黙ってその場を見つめ——まるでアテネやローマの人のように——

何か意味のある結論を導き出そうとした。時間の循環性、あるいは歴史を超越する時間、あるいはスミッソンが言うところの「捨てられた未来の記憶痕跡」について。

そろそろ行こうとしていたところ、「売り出し中」という看板が木に打ちつけられているのを見つけた。そこには電話番号が書かれていて、Sはその番号に電話した。しかし、ちょっとしたやり取りの末にわかったのは、その場所は元々はピザ屋であり、その不動産業者が知るかぎり、われらが神話のガスステーションではないということだった。車に戻るやいなや、Sは海とロブスターの約束が果たされていないと言い、そうしてわたしたちはふたたび南のトゥルーロのほうへ戻ることにした。日が暮れる前にホッパーのビーチハウスを垣間見られるかもしれないと、わたしはひそかに思った。

ビーチには行きたくないというふりをしながらも、実際にはそこに行くことだけがわたしの目的だった。だが、それを認めると、このケープコッドへの旅は真面目な研究旅行ではなく、ヴァケーショ

ンだと思われてしまう。ヴァケーションやヴァケーション客に対するわたしの軽蔑心は、高尚な禁欲主義によるものであればよかったのだが、事実はそうではない。ヴァケーションに行かなければ、耐えられない期待の重荷を背負わずにすむというだけのことだ。ヴァケーション中は、ほかのどんなときよりも、希望や期待がかなわないことに過敏になるが、それはその期待に満ちた日々のあいだ、わたしたちは永遠に至福の時間がつづくとしか思っていないからである。

わたしがヴァケーション中の失望に激しいアレルギー反応を起こすのは、子どものころにそれに触れすぎたせいだと思う。期待に胸ときめかせた家族旅行のことを思い出す。短い夏の数週間、次から次へと失望が生まれ、徐々にわたしたち家族の失望に耐える力は新たなレベルにまで深まったが、信じられないことに、翌年にはまたそれが更新されるのだった。いまでは失望のわずかな兆しにすら耐えられず、ピーナッツに触れたら死ぬという人のように、そ

れを避けるために極度の警戒をしている。だからわたしは、ホッパーの侘しいモーテルや憂鬱なダイナーにいる、孤独で、元気がなく、おそらくひどく失望した旅人たちに伝えたい。秘訣は、希望のハードルを地面と同じ高さにすること、それぞれの瞬間の最悪を予期し、次の瞬間も同じくらいひどいものになると考えることだ、と。そうすればあなたのヴァケーションは立派な忘れられない経験になりますよと、わたしは彼らに言いたい。

*

わたしたちはビーチの横のからっぽの駐車場に車を止めた。海はどこまでもメタリックグレーで、亜鉛メッキされた午後の空に継ぎ目なく溶け込んでいた。Sは果敢にも冷たい水のなかでサーフィンをすることにしたが、わたしは風呂の温度の穏やかな水でないと受けつけないため、スニーカーを脱いで、波打ち際の固く湿った砂の上を南に向かってぶらぶらと歩いていった。

ランドマークのない風景を歩いていると、空間と時間の不思議な超然性が感じられる。1キロか5キロほど歩いたあと、なだらかに起伏した砂丘の向こうに、灰色のとがった屋根と白い壁が見え、それは、これまでに見た写真から考えると、ホッパーのサマーハウスのようだった。わたしは草の多い砂丘を這い上り、用心しながら近づいた。家のなかは暗く、だれも住んでいないようだったため、大股で進み、通用口の横のクモの巣で覆われた小さな窓越しになかを覗いてみた。家はからっぽで、人がいないだけでなく、何もなかった。午後の日差しが窓から建物の反対側に差し込み、木の床の何もない金色の長方形の空間を照らしていた。詩的な円環のひねりによって、ホッパー自身の家がまさにホッパー的な没場所性を持つようになっていた。もはや、場所に場所性を与える人間の存在はない。場所は空間に戻っていた。

窓越しに覗きながら、わたしはこの光景がホッパーの晩年の作品『からっぽの部屋の日差し (Sun in an Empty Room)』に似ていることに気づいた。その絵では、部屋の右側

の開いた窓から日の光が入り、壁と床に斜めに降り注いでいる。描かれたのは1963年、亡くなる4年前だ。部屋と絵がいまでは予言と記憶に思えた。ホッパーの初期作品の複雑なジオラマのような光景とは違い、その絵は、孤独と空虚の本質を描こうと人生をかけて取り組んできた果てに、徹底的に凝縮したかたちになった感じがする。完全なる不在の光景なのだ。マーク・ストランドは『からっぽの部屋の日差し』について、「わたしたちのいない世界のヴィジョンであり、わたしたちを排除する場所というだけでなく、わたしたちがいなくなってからっぽになった場所」だと述べている。

ホッパーの特に名高い作品は、フレームに押し込まれた1本の映画のようだ。そのフレームから、わたしたちは物語、登場人物、展開、はじまりと終わりを考え出すことができる。だが、『からっぽの部屋の日差し』は、動きも語りもないイメージだ。その光景においては、俗事が消え去りそうなほどに圧縮されている。その結果、映画性は薄く、そのかわり、幻覚剤によっ

てもたらされる異常な過敏さ^{ハイパーアウェアネス}のような色が濃くなっており、日常的な空間 —— 日の当たるからっぽの部屋の隅 —— でさえ、突如として並外れた美しさと存在感を発するのである。

わたしはビーチに戻り、文明を思い出させるものがいっさい視界に入らなくなる場所まで歩いた。午後の日差しでまだ温かい、やわらかい白い砂の上に横になり、氷河のように青い丸天井の先に、散らばりはじめた星を眺めた。針が飛んだレコードのように、波が、絶え間ないリズムの連続のなかでうねり、崩れていた。そしてその波のように、その日2度目のことだが、時間と空間もひとつの進行中の瞬間のなかに崩れ込んだという印象を抱いた。

＊

駐車場へ戻ると、Sが車のなかでうたた寝していた。ドアを開けて入ると、すぐに起きた。

「お腹ペコペコ」。彼女は言った、シートを真っすぐにしながら。「迷子にでもなってたの？」

わたしたちはトゥルーロまで車を走らせた。この早い時間でも、町は牧歌的であるだけでなく、見捨てられた感じだった。からっぽの店の光が、からっぽの道に漏れていた。国道6号線を北上していると、B&B、オーシャンビューの宿、プライベートコテージを宣伝する古風な手書きの木の看板が目についたが、無視した。魅力がなく、感じが悪く、見苦しかったからだ。（つまり、手の届く範囲になかったということだ。）だがやがて、文明の外縁に達したところで、遠くに明滅するネオンサインを見つけた。ブレイクウォーター・モーテル - ケーブルテレビ - エアコン付き - 空室あり。これこそわたしが待ち望んでいたタイプの宿だった――典型的な平屋のモーテルで、駐車場を囲んで建っている。それは別の時代の遺物であり、ぼんやりと得体の知れない暴力の気配を発しているような場所だ。わたしは一目見て、ここは映画的でいい感じだと言った。

*

　モーテルのロビーの明るすぎるもやのなかに入っていくと、肉づきのいい女性がカウンターのところに座っていたが、彼女の視線は隅の壁に取りつけられた小型のチカチカするテレビに注がれていた。

　「こんにちは」。Sが言った。「1部屋、1泊だけなんですが」

　受付係は画面から目を離し、Sを見て、それからわたしを、そしてまたSを見た。深海に潜るダイバーのような速さで、振り返って木の引き出しから鍵を取り出した。天井では、扇風機が最大級の力で回っていて、空気ではなく、濃い半透明の液体を循環させているかのようだった。彼女はSの手のひらに鍵をぽんとやった。鍵についていたのは、ミニチュアのオレンジ色の救命胴衣だった。

　「6号室です」。彼女は言った、ゆっくりと視線をテレビに戻しながら。「チェックアウトは午前10時です」

　わたしたちは部屋を見つけ、明らかに年代物のベッドの上に荷物を置き、歩いてディナーの店を探しにいくことにした。アメリカでは、歩くことにいつも楽しみを感

じる。どこでも車で移動しろという――まったくその必要がないときでも――国に対する、ささやかな独りよがりの反抗だ。わたしたちは最初にたどり着いたレストランに入ったが、そこはHot L Bar and Grilleという名前だった。かつてはHotel Bar and Grilleだったと、テーブルに案内してくれたウェイターが誇らしげに教えてくれた。ある日、レストランの派手なネオンサインからHotelのeが吹き飛ばされたとき、機転を利かせ、吹き飛んだ部分を修理するかわりに、新たなスペリングを受け入れたのだという。わたしたちの席は大きな窓のところで、そのサインが見事に見えた。メニューにざっと目を通すと、ニューイングランド産の蒸しロブスターとフライドポテトの付け合わせを2つ、ポテトサラダを1つ、特製の謎のカクテルを2つ頼んだ。

カントリーミュージックがレストランじゅうに低く響いていた。少し離れたテーブルにお揃いのデニム姿の中年夫婦が座っていて、わたしたちのほかの唯一の客だった。彼らの座る木の椅子はミニチュアのようで、2人の体の下で弱々しく見えた。夫婦は向き合って座り、何か言い争っていた。Sはナイフを鏡にして歯に挟まったものを取ろうとしていて、店内で繰り広げられているドラマには無関心だった。「もうしない！」夫はうめくように言いながら、いらいらした表情で手のひらを見つめていた。「前にもそう言ってたでしょ、クレイグ」。女性は低い声でがみがみと言った。「もう同じこと100回もやってるんだから」

ウェイターが鮮やかなオレンジ色の巨大なロブスターを2つ持ってきた。真ん中で切られ、じゅわっと汁が出ていた。Sは飢えた子どものように血走った目でそれを見た。わたしたちは恥も外聞もなくむさぼり食い、べたべたのきらめく液まみれになった。会計をし、膨れ上がったお腹で、静かな夜の闇のなかをどうにかよたよたと歩いてモーテルに戻った。

わたしたちのとなりの部屋の前に2人の男性が座っていて、葉巻を吸い、ビールを飲んでいた。折りたたみ式のデッキチェアにもたれ、夕暮れの海を見るかの

ようにからっぽの駐車場を眺めて
いた。部屋の窓から漏れる光が彼
らをうしろから照らし、顔をぼや
けさせ、夜に長い影を投じていた。

「よお」。暗闇から呂律のまわら
ない声が聞こえてきた。

Sは酔っているかのように鍵を
ごそごそと探した。ようやくドア
が開くと、彼女はよろめきながら
ベッドに倒れ込んだ。わたしはド
アのところに立って、壁の明かり
のスイッチを探した。

「一緒にビール飲もうぜ」。別の
気の抜けた声が聞こえてきた。ま
ともな言い訳を思いつけないうち
に、男のひとりが部屋のなかに行
き、折りたたみ式のビーチチェア
を持って戻ってきた。もうひとり
の男はクーラーボックスに手を伸
ばし、ミラーライトの缶を取り出
すと、驚くほど優雅に、片手でそ
れを開けた。何千回とこなすなか
で洗練された動きを身につけたの
だろう。わたしは濡れたビールの
缶を受け取り、座った。3人でビ
ロードのような黒い夜を見つめた。
空気は淀んで蒸し暑く、葉巻の煙
と腐った海藻のにおいが充満して
いた。駐車場の真ん中には

街灯がひとつあり、金色の円形の
光を舗道に投じていた。その瞬間、
わたしたちはこれからはじまる劇
の観客であり、だから、黙ってち
びちびと飲み物を飲みながら、期
待を絶やすことなく舞台を見つめ
ているのだというような気がした。

「ああ、この場所は最高だ」。右
側から声が聞こえた。「30年ここ
に来てるんだ」

「その気持ちはわかります」。わ
たしは言った、まったくもって本
心で。

わたしは自分が30年後にここ
に座り、もはやただの客ではなく、
変わらないモーテルの風景の古い
構成物となっているところを想像
した。「わたしは世界を数回まわっ
た」と、映画『サン・ソレイユ』
の名前のないナレーターは言う。
「そしていま、陳腐さだけが変わら
ずわたしを惹きつける」。30年に
わたってケープコッドに戻りつづ
けてきたこの男たちにとって、ヴ
ァケーションを過ごす場所はここ
なのだ —— ここが彼らの理想の世
界の中心地なのだ。彼らの前にい
ると、沈黙の不快さはすぐに消え
てなくなった。ホリデイシーズン

も終わりに近く、モーテルはほとんどからっぽだった。あるいは、いつもそうなのかもしれない。下を見るといつの間にか新しいビールの缶を持っていたが、とはいえ最初のほうもほとんど入ったままだった。ふらふらと飛んできた蛾などの虫が、幽霊の集まりのように、街灯のまぶしい明かりのまわりで踊っていた。

　そのとき、オーストリアの小説家ヨーゼフ・ロートのことを思い出した。彼は、第二次世界大戦の直前にさまざまなヨーロッパのホテルで暮らしたことについて書いていた。「わたしはホテル市民、ホテル愛国者だ」と、1929年に書いている。「そして、ほかの人々が、写真、磁器、銀器、子どもたち、書物と再会して喜ぶように、わたしは、安っぽい壁紙、清潔な水差しと洗面器、輝く水と湯の蛇口、そしてもっとも博識な本、すなわち電話帳に幸せを感じる」。ロートはそのホテルの名前を出していないが、『ホテルの年月（The Hotel Years）』の翻訳者は、そのときに完璧だと感じた「合成物か夢」だろうと言っている。

　ホテルやモーテルは家の幻影を提供しながら、家がないという感覚も与えつづけている。これこそが「モーテルが約束する」超現代性だといえるかもしれない——家にいるときでさえ家がないのだ。フランスの人類学者マルク・オジェは、そのような移ろいの空間——モーテル、空港、ガスステーション、スーパーマーケットなど——を「非-場所」と呼んだ。それは通過と消費のための空間であり、それ自体が目的地というより、むしろどこか別の場所へ移りゆくために通過する空間、個人の経歴や集合的記憶を欠いた空間である。こうした空間で、わたしたちは「旅人」という、匿名の非-アイデンティティを使う。奇妙に見知った世界で見知らぬ人物になるのだ。ジェフ・ダイヤーは、ホテルのロビーは「場所から非-場所への通路」だと書いている。チェックインをしてアイデンティティを引き渡すという儀式を通じて、「この非-場所の一時的な住人となる」ことで、「非-人間になる……ホテルの内側に入ると、もはやミスターやミズではなくなる。だれで

あれ、部屋の占有者であるだけだ。経歴はない」

　ひょっとすると、このような空間的、時間的性質のために、ホテルやモーテルの部屋は人生の2つの大きな移ろいの瞬間──セックスと死──の導管となっているのかもしれない。チェット・ベイカー、ジョン・ベルーシ、オスカー・ワイルド、マイケル・ハッチェンス、ジャニス・ジョプリン、ココ・シャネル、ヴァルター・ベンヤミン、ヨーゼフ・ロートら、無数の人々が、ホテルの部屋にチェックインし、人生をチェックアウトした。

＊

　翌朝、わたしたちはいい感じのロードサイドのダイナーにいた。セラミックの食器と怒鳴り声の会話が騒がしく不協和音を立てている場所だ。わたしはたった一日前の夜、Sに1週間はもう何も食べないと言っていたことを思い出した。にもかかわらず、気がつくとパンケーキを2枚頼んでいて、驚きと不安を覚えた。Sはテーブルの向かいに座り、無表情で、ビュイックのフロントシートの下に落ちていた大きすぎる度付きサングラスをかけていて、わたしの悩みにはまったく無関心だった。

　「まじめな話、それ外してくれない？」わたしは言った。「みんな気味悪がってるよ」

　ウェイトレスがわたしのパンケーキを持ってきて、ぬるく水っぽいコーヒーのおかわりを黙って注いだ。おそらく50代後半で、ブロンドの髪がもつれ、前腕のタトゥーが色褪せていた。「saved（救われた）」と書かれていたようだ。

　「この町の名前は何というんですか？」わたしはウェイトレスに尋ねた。すでに答えは知っていたが、彼女の声を聞いてみたかったのだ。その声は、期待どおり、優しく若々しかった。

　Sはパンケーキの皿をつかみ、自分のほうに引っ張った。

　「知ってた？」彼女は食べ物で口をいっぱいにさせ、もごもごと言った。「昔は、地図をつくる人が架空の町を地図に入れるのがふつうだったって？」

　「え、悪ふざけで？」

「違う。秘密の透かしみたいなもの。競合相手にデザインを盗用されないための。『ペーパータウン』って呼ばれてた。でも、必ずしも町[タウン]じゃなくてもよくて、道だったり、山だったり、ほかにも存在しないランドマークをつくってた」

「面白いね」

「でしょ。でも聞いて。1930年代に、地図作成者2人が、自分たちの名前をアナグラムにして、アグローっていう町をでっち上げたんだって。それでその架空の場所をニューヨーク州の地図に入れた。実在する町のなかに埋もれさせて。そしたら、その地図が発売された数年後に、競合会社がつくった地図にもアグローが載ってたの」

「じゃあバレたんだ」。わたしは言った、朝食を取り戻しながら。

「それがおかしなことになってね。この競合会社が裁判でアグローは実在すると主張して、それを証明したの。あのね、アグローの実際の場所に、アグロー商店っていう店があったんだって。だから彼らは正しかった。アグロー商店がアグローを現実の場所として正当化したわけ」

「つまり、だれかが店を開いて、地図に載ってた町の名前を架空のものだと知らずに使って名前をつけたってこと？」わたしは訊いた。

「そう」

「へえ」。わたしは言った。興奮を和らげるため、パンツのボタンを外しながら。「名前をつけるっていう行為が、想像と現実をわける薄い膜を破ったみたいだね」

「まさにね」。Sは言った。「しかもアグローは商店がつぶれたあとも現実の世界に残った。1990年代まで地図上に存在してた。最近までGoogleマップにも載ってたんだよ。わたしも何回か見たけど、ある日消えちゃった」

「ていうことは、架空の町が現実の町になって、また架空の町になったわけか」

「地図って、世界の表象じゃなくて、世界を創造するためのものみたい。現実から表象への流れは一方向だけだって思われてるけど、もしかしたら、たまには向きが変わって、逆戻りすることもあるのかもね」

「地図は現実の幻影を見せているだけなのかな」

「うん」。Sは言った。「三次元の世界が、魔法にかけられて、二次元に押し込められるんだからね」

*

わたしたちは車に戻って南へ向かった。サイドウィンドウ越しに、次々と現れるガスステーション、いかがわしいモーテルやロードサイドダイナー、短期ローンの宣伝の看板、中古車販売店、建設途中のアパートを眺めた。道路沿いに並び、ネオンライトでメッセージを発するそれらは、滅びた都市の廃墟に育った有毒な雑草の花のようだった。

長い年月が経っていても、ホッパーがなぜケープコッドに惹きつけられたのかはすぐにわかった。彼はほかのだれにも見えないアメリカの別の姿を見ていたのだが、いまやそれはホッパーを見ることなしには見られない。「真昼の焼けつくような太陽の下に伸びるアスファルトの道路の光景」と、ホッパーは書いている。「荒れ果てた鉄道操車場の貨車と機関車、わたしたちを絶望的に退屈にする湯気立つ夏の雨、面白みのないコンクリートの壁と近代産業の鉄の建造物、短く刈った芝のにおいが鼻をつく真夏の道、ほこりまみれのフォードと金ぴかの映画——アメリカの小さな町の、蒸し暑く下品な暮らし……わたしたちの郊外の風景の悲しい荒廃」

もし、ロートが愛したホテルのように、ホッパーの『ガス』がひとつのガスステーションではなく、いくつかのガスステーションの合成物だとしたら？ あるいは夢だとしたら？ ホッパーを定義づける特徴は、つまるところ、没場所性にある。ホッパーのガスステーションがキャンバスの枠外に存在しないというのは、まったくもって妥当な、さらにいえば正しいことのように思える。

Sが急にハンドルを切り、騒がしい赤と白のモービルのガスステーションに入っていった。外から見ると、輝くセメントとアクリルの建物は未来的で別世界のもののように思えた。

「これじゃないだろうな」。わたしはできるかぎり皮肉な声で言った。

「ガソリンを入れないと。それに
わたしはカフェインを入れないと」

　わたしたちは特大のキャンピン
グヴァンのとなりに車を止めた。
そのヴァンには、自転車、釣り竿、
さまざまなネオンカラーの救命具
が、クリスマスツリーの装飾のよ
うにくっついていた。Sがガソリ
ンを入れているあいだ、わたしは
スニーカーを履いて外に出た。ヴ
ァンのうしろへ行ってみると、ス
テッカーのコラージュで覆われて
いて、軍隊を支持しオバマを非難
する言葉がいろいろと書かれてい
た。わたしは空調のきいたガスス
テーションの店内をぶらつき、チ
ョコレートバーとエンジンオイル
とビニールの旗が並ぶ通路を通っ
て、奥の頑丈そうなアイスクリー
ムの冷凍庫にたどり着いた。

　冷凍庫の上の壁に、マサチュー
セッツ州の道路地図が貼ってあっ
た。貼られる前に何度も開いたり
閉じたりされていたようで、色褪
せた茶色い線がよれよれの格子を
描き、地形のところどころに小さ
な穴が出現していた。このガスス
テーションの場所だと思われると
ころには、大きな赤いピンが刺さ

れていて、漆喰の壁に磔<ruby>磔<rt>はりつけ</rt></ruby>になって
いた。この行為にはどことなく暴
力性が感じられた。

　わたしはガソリン、コーヒー2
杯、チーズクリスプ1袋の代金を
払い、最後にニューイングランド
の最近の版の地図を買った。車に
戻ると、Sはラジオ局を調べてい
た。彼女が消失<ruby>消失<rt>バニシング</rt></ruby>していなくてほっ
とした。

　「いまからどこ行きたい？」彼女
は言った、午後の日差しに目を細
めて。

　「もう1回ビーチに行って、それ
から戻ろう」

　「でも、ホッパーのガスステーシ
ョンは？」

　「どうでもいいよ」。わたしは言
った。「そもそも存在しなかったん
じゃないかな。もし存在してたと
しても、もうないよ。それに、も
しいまもあったとしても、無理に
探す価値はない。とにかく、もう
どうでもいいんだ」

　わたしはニューイングランドの
地図を開いた。光沢があってぴか
ぴかで、ロードトリップの可能性
に満ちていた。

　「ぼくが大事だと思うの

は、進みつづけてる感覚なんだ。移動をしてるときは、ものの美しさがよくわかるだろ」。わたしは言った、コーヒーをちびちび飲みながら。

「なんか変な感じ」。Sは言った。

「いや、いまはホッパーの引用でね」

地図を見ながら、わたしは小さな町の名前を次から次へと読み上げた。

「メーン州に間違い島（Mistake Island）っていうのがある」。わたしは言った。「行ってみよう」

「それは絶対ペーパータウン」。彼女はそう言って笑った、うなるエンジンのご機嫌をとりながら。

家へ戻る途中、わたしはホッパーのガスステーションについて考えていた。それがどこにあろうとも。そして、その場所を訪れることになる未来の巡礼者のことを思った。時間が経てば、そこには記念銘板が設置されるだろう。「かつてここにはホッパーの代表作『ガス』に描かれたガスステーションがありました」。彼らは、いまや雑草と低木に隠れたがらんとした砂地でしかないその場所の写真を撮る。そこに立って、白い素朴な建物と、背の低い禿げかかった店員の姿を想像する。そしてひょっとすると、ほんの一瞬、場所の記憶が詰まった空間の存在が浮かび上がってくるのを感じるかもしれない。

望薄島

Little Hope Island

孤独な灯台守たちに愛された小さな島
朽ち果ててなお、黙想の厳粛さが漂う

★ 望薄島

薄島（Little Hope Island）は、（「小希望島」と読めば）たとえば希望島（Hope Island）や大希望島（Big Hope Island）の年下のきょうだいだと間違われるかもしれない。しかし、実際はそうではない。驚くべきことに、岸からもう一方の岸まで1分もかからずに行ける、石塚のような小さく目立たないこの島は、難破の頻発地として悪名をとどろかせていた。1866年、ノヴァスコシア州政府はもうたくさんだと考え、島に灯台、灯台守のための小さな家、物置小屋を建てることにした。この3つの極小の建物は島の表面を埋め尽くし、奇怪なおとぎ話のような光景を生み出した。完成して間もなく、1873年の『カナディアン・イラストレイティッド・ニュース』の記事はこう評している。「容易に想像できることだが、サックスビーの大風のときのような高波が起これば、この小島は灯台、灯台守、その妻ともどもこの世から洗い流されてしまうだろう」。また、こうも言っている。「このような寂しい場所の灯台守には十分に報酬を払うべきだ」

灯台守。これほどロマンあふれる憂鬱なイメージを想起させる言葉はないだろう。砂岩の崖と吹きさらしの島、そこにぽつんと立つ白い円柱が、容赦なく押し寄せる波に立ち向かってい

DATA

場所：北緯 43 度 48 分／西経 64 度 47 分
日本からの所要時間：21 時間　総費用：16 万円

63

る。銀色の光線が、黒いビロードのカーテンを裂く刃のように、夜の闇を切り裂いている。なかには、灯台守が座っている。ロウソクの炎のあたたかい明かりが、彼の髭面のまわりで影をつくって踊っている。彼は質素なものに囲まれている —— 擦り切れた本の山、半分空いたウイスキーの瓶。分厚い乾燥した手には木のパイプが大切ににぎられているが、それは冬の嵐のあとに岸に打ち寄せられた流木から何夜もかけてつくり上げたもののひとつかもしれない。別の夜には、ランタンの光のそばで、詩を書いてみたりしているかもしれない。だれも読む人はいないにしても。

　灯台守を不思議な知恵のある隠者とする認識が広まったのは、聖ウェネリウス（隠者ウェネリウスとしても知られる）の存在による。紀元600年ごろ、ウェネリウスはイタリアの修道院を出て、遠いティーノ島でより高尚な禁欲生活を追い求め、灯台守の守護聖人という偉大な称号を得た。ウェネリウスのような宗教的隠者は、伝統的に、教会や修道院に付属した石の小屋や庵で孤独を追求した。17世紀のある時期は、イギリスの貴族のあいだで、隠者を庭の飾りにするのが流行った。こうした隠者は小さな小屋などに住み、ドルイド〔古代ケルトの祭司〕のような恰好をしていることが多く、覗き見が好きな見物人や客たちを喜ばせた。しかし、風変わりな庭の呼び物という以上に、彼らは厳格にして尊い憂鬱の感情の象徴だった。黙想のあり方と厳粛な態度を示した彼らは、ブルジョワジーのあいだで高貴だと評価され、隠者たちはこれを体現することを求められた。その対価として、食べ物、住居、そして場合によっては月一度の小遣

ノヴァスコシア州

★望薄島

いをもらった。深遠な生活様式と宗教的な雰囲気が彼らに神秘的なオーラを与え、そのためにスピリチュアルなアドバイスを求められることも多かった。灯台が海岸線に多く見られるようになると、世を捨て自然に親しめる場として、こうした隠者のあいだで人気を集めるようになった。

　約100年のあいだに、11人の孤独な男たちが望薄島をわが家と呼んだ。特筆すべきは、1927年から1945年に灯台守をつとめたアラン・ランギルだろう。彼は当初は家族同伴だったが、孤独な島で4年間暮らしたあと、家族は彼を捨てて文明の世界に戻った。しかし、ランギルは腰抜けではなかった。世界は荒れ狂っていたが、望薄島は時間の流れの外にあった。さまざまな出来事は、遠くの惑星で起こっているかのようだった。リンドバーグが単独で大西洋を横断飛行した、ペニシリンが発見された、株式市場が大暴落した、冥王星が発見された、科学者たちが核を分裂させた、禁酒法が廃止された、アルコール中毒者更生会が設立された、ドイツがポーランドに侵攻した、石器時代の洞窟壁画がフランスで見つかった、日本が真珠湾を攻撃した、Dデイ〔ノルマンディー上陸作戦の決行日〕、ドイツが降伏した、アメリカが広島と長崎に原爆を落とした、初のコンピュータがつくられた —— そして18年が経ち、アラン・ランギルが戻った世界は、以前とはまったく異なる世界だった。

望薄島 | *Little Hope Island*

　1945年、望薄島の灯台は自動化され、約100年に及ぶ灯台守の時代は終わった。今日、世界中の灯台と、人間の灯台守は、絶滅危惧種である。地図作成と航海術の進化によって、年々、この古い世界のモニュメントは姿を消している。望薄島の灯台は、廃止から数十年が経って破損状態となり、やがて廃墟となった。2003年12月の激しい冬の嵐のあと、ノヴァスコシアの漁師たちは、どこまでもつづく水平線を見て悲しんだが、それは何かを見たからではなく、見なかったからだった。望薄島の灯台はついにこの世から洗い流されたのである。

望薄島への行き方 —————————————————————————

羽田空港から乗り継ぎ便でハリファックス・スタンフィールド国際空港まで約19時間かけて移動。空港から約2時間レンタカーを走らせチャンネル湾へ。約4km先の海上に望薄島が見えるはず。

ロシア　カラ海

孤独島

Lonely Island (Ensomheden)

ソ連の科学者もナチスのUボートもやってきた
ロシア最寒冷海域の真ん中に浮かぶ、陰気な陸塊

「島は」と、D・グラハム・バーネットはエッセイ「島の奇怪さについて（On the Monstrosity of Islands）」に書いている。「陸の世界に背いた地球の小片だ。それゆえ当然、この地形の信頼性や善意については懸念が生じる。地理的孤立を明らかに気にしていないのだから。その線上に潜む不安は、裏切り、孤独、狂気、絶望を描いた重厚な文学における島の存在感を、いくらか説明していると思われる」

　カラ海の真ん中、北極線の千キロ以上北に、永久に凍った島がある。1年の大半、この小さな凍った塊は氷と雪に包まれていて、隆起した大浮氷群があらゆる方向から取り囲み、海と島をひとつなぎの陸塊にしている。厳しい北極の風がその表面を裂き、氷の険しい地形をつくり出す。短い夏のあいだは、氷が固いにぎりを解くと、食べ物を漁る腹ぺこのホッキョクグマの姿が見られる。
　1878年、ノルウェーの探検家エドヴァルド・ホルム・ヨハネッセンが、この孤独な岩層を見つけ、Ensomheden（Lonely Island、孤独島）と名づけた。次にこの島が目撃されるのは1915年のこと

DATA

場所：北緯 77 度 29 分／東経 82 度 30 分
日本からの所要時間：9 日
総費用：256 万円（うちクルーズ代が 242 万円）

で、ノルウェーの船エクリプス号が、2年前に北極海航路の開拓に乗り出して行方不明となっていた —— カラ海で何の痕跡もなく姿を消した —— ルサノフの遠征隊を探すという不可能な任務中に見つけた。1920年代前半には、ソヴィエトの2つの遠征隊が孤独島を見つけようとした。しかし、その場所に到達しても、どこにも見当たらなかった。長いあいだ、その所在は謎のままで、幻の陸塊なのではないかという噂も広まっていた。

1933年になってようやく、やはり北極海航路の開拓をしていた —— こちらはうまくいった —— チェリュースキン号のオットー・シュミットが、偶然この幻の島を発見した。ヨハネッセンが1878年に地図に書き入れたところから80キロ北西に見つかり、今度はロシア語でUyedineniya（Solitary Island、孤立島）と名づけられた。ソヴィエトは今回こそこの島が消えるのを防ごうとした。翌年、極地研究所を設立し、選り抜きの幸運な科学者と補助員をそこに住まわせた。無線技術士・通信士、医師、大工、気象学者数人、水文学者、機械工2人、高層気象観測者、料理人、使用人というメンバーだった。

本国では、ソヴィエト文学の黄金時代がまさにはじまろうとしていた。国の検閲があったにもかかわらず、作家たちは多作で実験的だった。科学、探検、宇宙、哲学、倫理、ユートピアとディストピアの概念を取り入れ、遠い惑星の寓話やパラレルワールド、想像上の未来を描くことで、空想的社会主義者の理想をひそかに風刺し、打ち破ろうとしていた。未来の島々は、海ではなく、宇宙にあった。ストルガツキー兄弟の1969年の小説

『収容所惑星』〔原題は『有人島』（Обитаемый остров、*The Inhabited Island*）〕では、若くうぶなところのある恒星間探検家のマクシム・カンメラーが、未知の惑星サクラシに不時着する。彼は自分をロビンソン・クルーソーのように考える。原始的だが友好的な先住民が住む島に座礁したのだと。しかし実際にはそのように魅惑的ではなく、この熱帯の島は全体主義の国であり、「未知なる父たち」と呼ばれる匿名の少数独裁体制に支配されていた。ひどく汚れた街には貧しい哀れな人々が住んでいたが、彼らは秘密のマインドコントロール装置によって圧政的な政府に忠誠心を持つよう洗脳されていた。このストルガツキー兄弟の作品に首尾一貫して潜んでいる風刺を読み取ることは難しくない。

　孤独島に関して伝わっている数少ない話は、どんなSF小説よりもはるかに陰気だ。とりわけ長かったある冬のあいだ、島のバーの備蓄が恐ろしく不足し、ついには数百キロ以内にいっさいアルコールがなくなった。何ヶ月もシラフを強いられると考え、発狂状態になった数人の気象学者は、収納箱や忘れられていた物資をひっくり返し、酔いの液体を探した。すると、ついに木の樽が見つかった。何年もほったらかしになっていたその樽には強烈なにおいの混合物が入っていたが、彼らはアフリカの砂漠からさまよい出てきたかのような必死さで、ためらうことなくこのまずい液体を飲み干した。喜びが爆発し、歌と踊りが北極の夜に遅くまでつづいた。しかし、朝になると、彼らは死んでいた。色褪せたラベルを詳しく調べたところ、彼らを殺したのはまぎれもなくメタノールであり、不凍液として使って

孤独島 | *Lonely Island (Ensomheden)*

いたものだったようだ。

　1942年9月のある夜、孤独島はナチスの潜水艦Uボートに砲撃された。ヴンダーラント作戦の最後の攻撃のひとつだった。潜水艦はただ近くを通っていただけだったが、司令官のその場の決定で、研究所で寝ていた7人の不運な科学者を砲撃することにした。破壊行為で突然起こされた彼らは、パジャマ姿でベッドから飛び出し、砲撃から逃れようと雪のなかへ這っていった。破壊具合に満足したUボートは、そのまま基地に戻った。この攻撃で、4つの無線局、男たちの寝床、豚小屋が破壊された。2匹の豚と衛兵が犠牲になった。

　孤独島に住む人間はいない、少なくともいまでは。気温は夏でもほとんど0度を超えず、気象観測所はシベリアのマンモスのように保存されている。決して消費期限が切れない桃やハムの缶詰がじっと棚の上で待っている。食堂の壁はカリフォルニアブルーに塗られ、熱帯を思わせるパームツリーで飾られている。レーニンのいかめしい顔 —— よく知られた横顔 —— が、「バー」という貼り紙がされた木のドアの横のポスターからにらみをきかせている。ロシアの科学者はときおり旧式のヘリコプターでそこに行き、気象実験を行うことがある。古びた博物館を訪れる観光客のように、彼らは殺伐としたジオラマを巡り、ソヴィエトの先人たちの遺物を驚きをもって見つめる。写真を撮り、放置されたものの山を漁り、過去への旅の土産となるものを探す。孤独島が実在の場所でなかったら、SF小説にぴったりの舞台だ

っただろう。いや、かつてオルダ
ス・ハクスリーが言ったように、
「この世界は別の惑星の地獄なの
かもしれない」

★孤独島

カラ海

孤独島への行き方

羽田空港から乗り継ぎ便でロングイェールビーン空港に約25時間30分かけて移動し、この日はホテルに宿泊。翌日午後、世界最北端の町ロングイェールビーンからツアー船が出航。7〜8日目にロシアで最も寒冷な海域であるカラ海に入る。孤独島をふくむ島々を巡航できる。（2020年3月現在、ツアーの予定はなし。）

イギリス　ロンドン

世界の果て

World's End

再評価されつつあるコンクリート団地が立ち並ぶ一角
要塞監獄か、夢の郊外かはあなたの目で確かめて

イギリス

世界の果て
★

　ジェームズ2世の世界はじつに小さなものだったのだろう。
なにしろ、のんびりとキングズ・ロードに沿って17世紀
のロンドンの外れまで行った小旅行が、彼にとっては世界の果
てへの旅のように感じられ、そのように命名したのだから。そ
の名前はその後も生きつづけたが、アウター・ロンドンはぐっ
と近くなり、野原はヴィクトリア様式のレンガの集合住宅、郊
外住宅、労働者向け住宅の下に埋もれ、その後1960年代後半に
なると、チェルシーの果ての極貧地区となり、ヒッピーや社会
をドロップアウトした人たちが住むようになった。このころ、ヴ
ィクトリア様式のレンガの家がロンドンじゅうで取り壊され、空
いた空間に、都市の貧困の新たな象徴となるものが建てられはじめた。高層公営住宅である。1963年、チェルシー自治区議会
が世界の果て団地（World's End Estate）を建設する計画を立てた。
この高層住宅プロジェクトは、1960〜70年代のロンドンで芽生
えた多くのプロジェクトのひとつにすぎない。戦後の深刻な住
宅不足を解消しようと必死の試みがなされていた。
　理想主義的な建築家たちが、「充実した人生を送る人々に郊外
の夢」を提供するという野望を抱いていた一方で、世間の人々
はこのような公営住宅プロジェクトをよく思っていなかった。こ

DATA

場所：北緯51度28分／西経0度10分
日本からの所要時間：13時間　総費用：13万円

の傾向を強めたのは、当時ロンドンだけでなく全世界に広まっていたブルータリズム建築に違いない。1975年に完成した世界の果て団地の7つの区画は、「郊外の夢」と聞いて想像されるものではなく、むしろ中世の要塞監獄のようだった。これは偶然ではない。当時の「まもりやすい住空間」という建築理論は、都市の高密住宅にはびこっていたいわゆる「反社会的行為」に対処するデザインを推奨していたのである。世界の果て団地はロンドンのスカイラインに急増殖していた数多のブルータリズム・プロジェクト ── ガラス、レンガ、コンクリートのような無骨で実用的な素材の一枚板でできた都市の要塞 ── のひとつだった。「打放しコンクリート」を意味するフランス語「béton brut」に由来する「ブルータリズム」という言葉は、イギリスの建築批評家レイナー・バンハムによって人気の用語となり、大胆な新しい建築トレンドを定義するようになった。変化を求める若い世代の建築家が促進したこのスタイルには、古臭いイギリスのブルジョワ社会の基礎を揺るがそうという意図があった。しかし、ナチスの要塞の掩蔽壕に不気味に似ていることに加え、東の社会主義のユートピア思想が混ざっていることを、保守的なイギリス国民は見逃さず、ブルータリズムの美学は嫌われた。（このスタイルはその後より若い世代、第二次世界大戦のトラウマやソヴィエトの脅威を知らない世代のあいだで新たに愛されるようになる。）

　ロンドンじゅうで、かなり多くのブルータリズム建築がいまも見られる。バルフロン・タワー、アレクサンドラ・ロード・エステート、ロビン・フッド・ガーデンズ、バービカン・エス

テートなどだ。ブルネル大学レクチャーセンターは、スタンリー・キューブリックの映画『時計じかけのオレンジ』に使われたことで、ディストピア性をいっそう増した。しかしもっとも悪名高いのは、「恐怖の塔」、「空中のコルディッツ収容所」といわれるトレリック・タワーだろう。1972年に完成したそれを設計したのは、エルノ・ゴールドフィンガーという風変わりな名前のハンガリー人建築家で、その名は（ユーモアのないその建築家をひどく怒らせたことに）イアン・フレミングによってジェームズ・ボンドの敵役の名前に使われた。この建物に関しては、無差別な刺傷、エレベーターでのレイプ、ヘロイン中毒者による子どもへの暴行、自殺などが新聞でたびたび報じられた。ゴールドフィンガー自身が、みずからが生み出した怪物に心を乱され、屋上から身を投げたという噂まであった。（実際には引っ越しただけだった。）

　世界の果て団地には、ほかのブルータリズム建築の多くとは異なる点がある。プレハブのコンクリートの外側が赤レンガで覆われているのである。これは美的な面で譲歩しようとした結果であり、以前のヴィクトリア様式のくだらない模倣だと苦々しく思われることもあった。この団地ではトレリック・タワーのような恐ろしい暴力沙汰はほとんど起きなかったが、やはりブルータリズムの都市高層住宅に対する世間一般の悪評からは逃れられなかった。

　1975年、ロンドンの作家 J・G・バラードが小説『ハイ・ライズ』──ロンドンの高層住宅がゆっくりとディストピア的悪

夢に変わっていく様子を描いたフィクション——を発表したとき、世間の抱くイメージは完全にできあがっていた。この本で語られる

のは建物の社会的な崩壊であり、2千人の上流・中流階級の住人がささいな口論から血まみれの戦い、蛮行、カニバリズム、自己破壊に向かっていく。この本のインスピレーションとなるものは、バラードのまわりのあちこちにあった。ロンドンの露骨なブルータリズム建築に加え、都市生活と人口密度に関する不穏な実験が立てつづけに行われていた。1960年代、動物行動学者のジョン・カルフーンが、メリーランド州プールズヴィルの国立精神衛生研究所に、実験的な「マウス都市」をいくつも建設した。彼はそれらを「ユニヴァース」と呼んだ。もっとも悪名高いのはおそらく「ユニヴァース25」で、2.5平方メートルのその四角いタンクは高い壁に囲まれ、マウスは外に出られない。256個の巣箱があり、それぞれ15匹のマウスが入れるようになっている。必要なものはすべて与えられる——たっぷりの水、食べ物、巣材。そこはマウスのユートピアだった。最初の日に4対のマウスが入れられ、新たな家になじんだのち、繁殖をはじめた。数は急増し、55日ごとに倍になった。ユニヴァース25の短い黄金時代のあいだ、この都市の住民は仲良く共存していた。しかし、数が限界まで増え、空間が徐々に足りなくなってくると、カルフーンは不穏な行動を目撃するようになった。赤ちゃんのマウスがネグレクトされた。オスが攻撃的かつ性欲過剰になった。生きているマウスが死んだマウスを共食いした。

　カルフーンが「美しいものたち」と呼んだオスのグループ ── 世間から孤立し、食べる、眠る、身づくろいをするという個人的な快楽に包まれ、性にも暴力にも無関心だった ── をのぞいて、ユニヴァース25はユートピアからディストピアに急落した。560日目、マウスの数は最多の2200匹に達した。その後、妊娠はほとんどなくなり、子どもは生きられなくなった。ユニヴァース25は急速に絶滅に向かった。ユニヴァース25と都市住居に類似性があるのは明らかだろう。カルフーン自身も、マウスの住まいを「タワーブロック」、「エレベーターのないアパート」と呼び、連想を促した。1960年代は、食糧不足、世界の混乱、人類の絶滅につながる人口過剰の恐怖が、人々の頭のなかで切迫したものになっていた時代だった。

　いまのわたしたちも人為的な絶滅の真っただ中にいるかもしれず、その証拠はあちこちにあると多くの人が主張しているが、ロンドンのブルータリズムの公営住宅は意外にもコンクリートの再評価の波のなかにいる。トレリック・タワーは最近の論文で「恐怖心を抱かせるが、いまとなってはファッショナブル」と評され、1998年にはグレードII＊（特別に重要な建造物）に指定された。「ここは、人のためではなく、人の不在のためにつくられた環境だ」と、J・G・バラードは『ハイ・ライズ』に書いている。同じことはわたしたちが住んでいる世界についてもいえるかもしれない。

世界の果てへの行き方

羽田空港からヒースロー空港まで12時間ほどかけて移動。ロンドン地下鉄・ハットンクロス駅まで5分歩き、電車に揺られ40分、サウスケンジントン駅で下車。10分歩くと世界の果て。

オーストラリア　タスマニア州

死の島

Isle of the Dead

発狂した囚人たちの魂をいまだ幽閉する
「心理的な罰」を与える隔離刑務所専用の「墓島」

オーストラリア

★ 死の島

1880〜86年の6年間に、スイスの画家アルノルト・ベックリンはフィレンツェのアトリエで5点の連作を描いた。どれも同じ悪夢のような島が題材だった。白い石の崖が、暗い嵐の空に垂直に伸びている。島は馬蹄形で、湾は見る人に向かって開き、岩壁に深く掘られたいくつかの埋葬室が見える。島の中心には、ありえないほど背の高いイトスギが林立し、その暗い色の葉はひとつの不吉な塊となってキャンバスの中央を埋め尽くしている。木の小舟が穏やかな水の上を湾に向かって進んでいるが、それを漕いでいる人の顔は見えない。乗客は白装束で棺の前に立っている。島は暗い海の上で沈みゆく太陽に照らし出されている。

　5点の絵はどれも同じ島を描いているが、それぞれ微妙に異なっている。繰り返し見る夢にとりつかれていたかのよう —— 目が覚めるとすり抜けていってしまう細部をはっきりさせたかったのだろうか —— で、ベックリンは同じ光景を何度も再現することでどうにか呪縛から逃れられたのかもしれない。彼は5点の絵すべてに同じ題をつけている —— 『死の島』と。

　ベックリンは知らなかったが、地球の裏側に、彼の夢にとりついた島があった。この事実の奇妙さは、現実の死の島（Isle of

場所：南緯43度8分／東経147度52分
日本からの所要時間：18時間　総費用：13万円

the Dead）が生まれた悪夢のような経緯によっていっそう深まる。

　1788年から1868年、ロンドンの刑務所は深刻な過密状態になり、役人たちは16万2千人の犯罪者を、新しくできた国であるオーストラリアの周辺のさまざまな流刑植民地に送ることにした。追放の原因となった罪としては、「池や湖から魚を盗んだ」、「根や木や植物を盗んだ」、「秘密の結婚」、さらには、不思議なことに、「エジプト人のふりをした」などがあった。ホームレスだというだけでオーストラリアに送られることもあった。流刑植民地は冷酷なことで有名だったが、特に悪名高いのはポート・アーサーである。木材置き場を1830年に刑務所に転用したもので、ヴァン・ディーメンズ・ランド —— 現在のタスマニア ——の孤立したロケーションは、さらなる罰を必要とする問題の多い犯罪者を入れるのに最適だった。ポート・アーサーの刑罰のシステムは、英国の哲学者・社会理論家のジェレミ・ベンサムが大まかに示した「分離刑務所類型論」の初期理論を採用していた。この理論は、公開でのむち打ちなどの慣例的な罰から、より洗練された心理的な罰への移行を告げるものだった。「問題は」と、ベンサムは述べた。「彼らは考えることができるか、話すことができるかではない —— 苦しむことができるかなのだ」。ベンサムの主張は、身体的な罰は囚人を硬化させるだけだが、心理的な罰は内側から崩すことができるというものだった。

　不運にもポート・アーサーに上陸した者たちは、まるまる1年間、隔離刑務所に孤独に幽閉された。ベンサムが打ち出した刑務所の静けさに関する規定は、これ以上ないほどの厳格さで実

行された。各人は、厚い石の壁でつくられた、音を通さない独房に閉じ込められた。話すことはつねに禁止された。看守はフェルトのスリッパで巡回し、手話で会話した。囚人は一日1時間だけ、ひとりきりで頭巾をかぶり、中庭に出ることが許された。週に一度は、やはり頭巾をかぶり、席が壁で仕切られた特別設計の礼拝堂に連れていかれた。多くの囚人が心を乱され、刑務所のとなりに精神病院が建てられた。身体的暴力が心理的恐怖に代わったのである。ベックリンは『死の島』でこれに似た大きな転換を示している。アルテミジア・ジェンティレスキの1614年の絵画『ホロフェルネスの首を斬るユーディット』や、ゴヤの1819年の恐ろしい傑作『我が子を食らうサトゥルヌス』——怪物が、異様に硬いバゲットを食べるときのような激しい勢いで、子どもの体から腕を食いちぎる——などのほかの凄惨な作品と違い、ベックリンの『死の島』が醸し出す恐怖は、とらえがたいヒッチコック的恐怖だ。心の奥深くにひっそりととりつき、寝ているときに襲ってくるのである。この絵は「とても静かだ」と、ベックリン自身も述べている。「それゆえ、ドアがノックされたときに戦慄を覚えるだろう」

　驚くべきことに、隔離刑務所は、囚人管理と刑罰改革の新しく賢明なシステムの発展における先駆的な施設であるという評判を得た。暗闇、静けさ、寂しさだけの力で、この静寂のシステムによる刑罰は人々の心をかき乱し、夜の恐ろしさが永遠に消えない環境をつくり上げた——そこでは、悪夢が好き勝手に人の心を荒らし、回復不能な狂気に陥れるのだった。

　隔離刑務所から1年後に出てきた人たちは、当然のごとくトラ

ウマを抱え、発狂していた。殺人や溺死のほかに、多くの人が赤痢や壊血病のような病気で死んだ。脱出を試みる者もいれば、刑務所生活の惨めさから逃れるために殺人 —— 死刑となりうる犯罪 —— を犯す者もいた。死体は死の島の湾に1キロほどにわたって並べられ、島じゅうの墓に放り込まれたが、そのしるしは土の山だけだった。

死の島の唯一の住人は墓掘り人で、小さな木の小屋に住んでいた。最初の墓掘り人はバロンというもの静かなアイルランド人の囚人で、ひとりで島に20年住んだのちに死んだ。彼の遺体は木の小屋から土の穴にたちまち移され、マーク・ジェフリーという別の囚人が次にその役目に就いた。彼は自身の墓を掘ることに慰めを見出し、毎日愛情を込めて手入れした。しかし残念ながら、ジェフリーは愛する墓に入ることがなかった。彼の島での滞在は突如終わりを迎える。ある朝、ポート・アーサーの看守たちが狼煙で島に呼ばれると、ジェフリーはパニック状態になっていた。彼は、前夜に自分の小屋が見えない力によって激しく揺さぶられ、それから「魔王」がやってきたのだと語った。そして、もう一晩も島にはいられないと言った。

作家のジョージ・グランセルは1870年代に何度かこの刑務所を訪れ、目撃した葬式についてのちに日記に書いている。棺が教会から木の小舟まで運ばれたが、それに乗る人々は白装束だったという。「まず死の島の湾へ向かった。水はとても穏やかで、沈みゆく太陽が別れの光線を死の島に注ぎ、島は暗い遠くの丘

を背にくっきりと際立っていた……岩棚に上陸すると行列がつくられた。それを指揮するのは墓掘り人で、やがてわたしたちは最後の囚人居住者が埋葬される場所にたどり着いた」

タスマニア

★死の島

死の島への行き方

成田空港から乗り継ぎ便でホバート国際空港まで約17時間かけて移動。レンタカーを約1時間走らせ、ポート・アーサーの突堤へ。約1km先に死の島が見える。

憂鬱の地図帳<ruby>アトラス</ruby>

「気高さは、存在の否定、壊滅した
風景を眺める微笑みにのみある」

エミール・シオラン『崩壊概論』

数年前、きりっとした秋の午
後、わたしはボストン美術
館にいた。日曜日で、これ以上な
いほどにぎわっていた。年金受給
者は無料で入れたのだろう。美術
作品と同じように、美術館にいる
人はみな古びて脆く見えた。若者
や健康な人は町の反対側の現代美
術館にいるのだろうと、ふと気づ
いた。いろいろな装置に支えられ
て真っすぐになった高齢者たちの
体は、流れの遅い航行不可能な川
となり、部屋と部屋のあいだを苦
しそうに蛇行していた。空気は麝
香とすえた汗のにおい、そして、ジ
ョーン・ディディオンが言うとこ
ろの「わたしたちが過去というも
のに望み、求めてしまう静けさ」
に満ちていた。有意義なアート体
験ができる見込みは、徐々

に薄くなってきた。

黄金の陽光がくすんだ円柱を伝
って灰色の石壁に流れ落ちていた
が、そこには古代の神話の油彩画
がかけられていて、美術館という
よりヨーロッパの大聖堂に近い雰
囲気を生んでいた。美術館と宗教
的な崇拝の場には、共通する独特
の不文律がある。つまり、衝動的
に笑ったりつつしみなく熱狂した
りするのは罪深いことで、そんな
ことをすれば仲間たちや警備員の
目の色が変わり、神聖な雰囲気を
乱した罰として、訝りと退屈が混
ざった非難の目で見られつづける
のである。啓蒙運動後に芸術と宗
教が根本的にわけられたのだから、
芸術の体験の仕方についても根本
的に見直す必要がありそうだが、
そうはなっていない。何年か前、
テート・モダンでデュシャンの
『泉』を見たとき、自分でも驚いた
ことに、ほかの人たちと一緒にあ
の便器を古代の宗教的工芸品であ

るかのように眺めていた。そのときわたしたちは、石油ドラム缶の火で体を温めるホームレスの人たちのように、この神秘的な物体から発せられるオーラの光に浴していた。宗教的習慣が染みつきすぎて、美術館でもおのずと教会にいるときと同じような重々しく思索的な行動をしてしまっているかのようだった。芸術と宗教の啓蒙にはどちらも感情の厳しい抑制が必要だとでもいうように。

　そんなことを考えていると、となりの部屋から激しいむせび泣きが聞こえてきた。わたしは、深いアート経験に圧倒されている人がいるのだろうと期待し、しわしわの人々のあいだをどうにか通り抜けていった。すると、白馬にまたがるナポレオンの壁いっぱいの絵の前で、ウールのスラックスを穿いたずんぐり体型の男性が体を折り曲げ、淡い黄色のハンカチを口に当てて猛烈に咳き込んでいた。がっくりし、くたびれたわたしは、空いているベンチを探したが、許しがたいほど不足しているようだった。そこで仕方なく、音声ガイドをこれ見よがしにつけた年配女

性の集団のうしろに並んだ。彼女たちは、綿密に調整された光を浴びた大きな油絵のまわりに群がっていた。葬式の弔問客のように、一歩ずつ前へ進んで敬意を払い、死者を生き返らせる葬儀屋の技に感嘆していた。

　女性たちが移動し、わたしは絵に近づいた。楽園追放、トマス・コール、1828年。絵の右側には、エデンの園がおなじみの楽園らしい壮麗さで描かれている。白鳥が緑豊かな森のなかで水浴びし、鹿が輝かしい朝の光の下ではしゃいでいる。対照的に、左側は非-エデンで、めちゃくちゃに荒れ狂っている。死、暴力、破壊のしるしがあちこちに見られる。遠くでは、噴火した火山が火と灰を不気味な空に吐き出している。嵐に荒らされた森の残骸のなかでは、歯をむき出しにした狼が飢えたハゲワシから鹿の死骸を守っている。非-エデンの世界はほとんど単色で、まるですべての色が、生命とともに、キャンバスから奪われてしまったかのようだ。そして、左下のほうに、アダムとイヴがいる。ちっぽけな、尻を出した2人

が、荒廃の世界へ向かって少しずつ進んでいる。イヴは大股だ。神の怒りから遠ざかりたいようで、罪と恥の意識を示すようにうなだれている。アダムの手をぎゅっとにぎっているが、彼のほうは少しうしろにいて、神々しい光を振り返って見つめている。うろたえ、憤り、自分の額をぴしゃりと打ち、「マジで何なんだよ」と言っているようだ。酔っ払ったパーティー好きのように、クラブ・エデン出禁という罰を不当だと感じている。彼らが放り込まれた世界、エデンの向こうの世界は、未開や野生どころではない。まぎれもなく黙示録の世界である。神はわたしたちの祖先を遠い未来に追い出したかのようだ。そこでは、人類がすでに住みつき、天然資源を使い果たし、大気中に二酸化炭素を排出し、絶滅に向かった――いまやこの惑星は死の床で身もだえ、最後の発作を起こしている。つまり、こうしてわれわれ人間は現れたのだと、わたしは心のなかでつぶやいた。2人の悲しい人たちが、さらに悲しい世界へ歩き出していったのだ。

残念ながら、この絵のポストカードはギフトストアで売られていなかった。「ありません」とレジ係は言った、コンピュータから顔を上げもせずに。「冷蔵庫マグネット、コーヒーマグ、スノードームもありません」。その帰り、車で街を出ようとしていたとき、またハッと思った。わたしたち人間は、これほど繁栄した時代に生きていながら、なぜ奇妙な憂鬱に苦しめられなければならないのだろう。そう、わたしたちは勝ち誇ってエデンの園を出てきたのではないのだ――初々しい姿で、新しく輝かしい世界を活気づけようとしていたのではないのだ。むしろ、こそこそと泣きながら出てきた。子孫すべての遺伝子構造を永久に変えることができたかもしれない過去の思い出に酔いながら。

*

ロバート・バートンは、17世紀初めに『憂鬱の解剖』を書いたときに、すでにそのことがわかっていた。「この高貴な生き物は転落し……この世でもっとも惨めな生き物のひとつとなった。どれだけ変わってしまったことか。以前は恵みを受けて幸せだったが、いま

は惨めで呪われている……死やあらゆる病気、あらゆる災難にさらされている」。わたしはアートスクールの1年生のときに、古本屋で『解剖』に出会った。そのばかでかい紙の塊は棚のほかのすべての本を威圧していて、わたしがその重荷を取り除いてやると棚はうなるような音を立てた。表紙には人間の頭蓋骨と砂時計が描かれていた。死と時間の典型的な象徴で、その2つが並べられると、人間の命のはかなさ —— 憂鬱の本質 —— が想起される。それまでロバート・バートンのことは聞いたことがなかったが、疑似科学的なタイトル、擦り切れてぼろぼろの本の背に惹かれた。また、実際に読むつもりはなかったものの、自分の本棚の未読のドゥルーズ、フーコー、スピノザ、ラカンの横に鎮座させてみたいという思いが強く湧いた。

家に帰ってから、この本はむしろベッドの横に置いたほうが効果的だと気づいた。ごくまれに女性がわたしの部屋に来ると、その本は —— その物理的な重量で —— ある種の引力を生み、あらゆる物質や生命をその方向に、そうして

ベッドへと引きつけるのだった。ときには本を持ち上げて開き、適当なページを読むこともあった。「知恵を増す者は、悲しみも増す」。「憂鬱は憂鬱によってのみ克服されうる」。「わたしの文章を好まないのならば、別のものを読め」。バートンの古い知恵がベッドインに有益だったとは言い切れないが、人生に『解剖』が存在するだけで、自分は現代のロマン主義者だという未熟な —— 完全に世間知らずな —— 考えを抱くことができた。憂鬱は、自発的な貧困、皮肉のきいたワードローブ、ポストモダンのヘアスタイル、良性のアルコール依存症と同じように、未来あるアートスクールの学生に欠かせない要素だったし、いまもそうなのかもしれない。

それ以来、わたしは折に触れてこの本に接している —— 実際に読んだというわけではない。1621年に最初に出版された『憂鬱の解剖』はバートンの畢生の大作で、のちの版では1400ページにまで膨らんでいる。引用、逸話、考察、目録、リスト、療法、ラテン語の詩に関する長い話、とりとめ

のない脱線が織り込まれたタペストリーで、きりっと鋭いところもあるが、それよりもユーモラスなところが多い。気の滅入るテーマに対して、バートンは意外にもおどけた姿勢でアプローチしているのである。序文で彼は「デモクリトス・ジュニア」（古代ギリシアの「笑う哲学者」の後継者）を名乗り、初めからこう述べている。「わたしは憂鬱について書き、忙しくすることで憂鬱を防ぐ」。まるで、これはあくまで自分のためだが、望むならついてこい、と言っているようだ。しばしばバートンは学問的な考察から外れ、悪魔も糞をするのかというような、何気なく頭に浮かんだ雑多なことについて考える。そしてすぐに、気まぐれな考えを読者に詫びる。

*

憂鬱というものは分類を拒み、簡単な定義を許さず、哲学や科学からのアプローチに何世紀も反抗している。美しく、複雑で、矛盾をはらむものだ。憂鬱（melancholy）という言葉の文字どおりの意味は黒胆汁で、ギリシア語のmelas（黒）とchole（胆汁）に由来

している。古代ギリシアの時代から啓蒙運動の時代まで、体は4つの体液 —— 黄胆汁、黒胆汁、粘液、血液 —— からなると考えられていた。体液のバランスがとれていれば人は健康な状態であり、バランスが悪いとあらゆる病気につながる。憂鬱は、体内に黒胆汁が多すぎるのが原因だとされていた。

1621年、バートンが『解剖』を書いたとき、西洋世界は抜本的な変化が起きているところだった。啓蒙運動がすぐそこまで迫っており、『解剖』で語られている見解も時代遅れの宗教思想と初期の解剖学のあいだですでに揺れていた。とはいえバートンは、人類の血管に黒胆汁が過剰に流れていることをアダムとイヴの果物のつまみ食いのせいにするだけでは飽き足らなかった。彼は憂鬱の原因を突き止める奇妙な探求に乗り出し、かぎりないほど多くのものにその責任を負わせている。ギャンブル、野心、過剰な勉強、羨望、貧困、ロマンス、悪霊、悪魔、魔術師、占星術、年をとること。とりわけ愛はもっともひどい原因のひとつだと断言し、それだけで本になりそ

うなほどの一章をまるまる愛の苦しみの話に費やしている。「愛は疫病、拷問、地獄だ」と彼は書いている。「スペインの異端審問も比較にならない」。そしてとどめを刺すようにこう言い放つ。「愛に生きる人の人生の大半は苦痛、不安、恐怖、悲嘆、不満、嘆息、疑念、懸念に満ちている……沈黙とうんざりする孤独に満ちている、と言ってもいいだろうか」

愛と同じように、食物も大いに問題であり、避けるべきものだと、彼は主張する。そして憂鬱に苦しむ人々に、ロバート・バートン食餌療法のようなもの（断固たる切り詰めを求める点で、ブリザリアン療法、キャベツスープ療法、タバコ療法に近い）を提案し、口に入りうるありとあらゆるものについて議論を試み、徹底的に切り捨てている。「人は食べたものでできている」という考えをバートンはかなり真剣にとらえていた。食物は憂鬱を引き起こすだけでなく、憂鬱を含んでいるというわけだ。

このほのめかしは重要だ。憂鬱はなんらかのかたちで人間の健康状態の外にあるもの、それ自体として存在するもの、有機体であると、バートンはほのめかしているのである。この点こそが、憂鬱を興味深いものに、ほかの似た言葉とは異なる性質のもの —— 人間の健康状態を超えて、大きな世界に宿る力があるもの —— にしている。「王国と地方は憂鬱だ、都市と家族も、あらゆる生き物も、野菜も、良識ある者も、理性ある者も —— あらゆる性質、派閥、年代、状態の調子が狂っている」とバートンは書いている。憂鬱はその後、ロマン主義者や、それよりあとのボードレール、ベルレーヌ、ロートレアモンのような沈み込んだ呪われた詩人たちのおかげで、鋭い美しさと特質を持つようになる。しかし21世紀になると、憂鬱を異色のものにする審美的、思索的、創造的な性質をすっかり無視して、抑うつ (depression) が憂鬱の現代版であると多くの人が考えるようになった。スーザン・ソンタグは「抑うつは憂鬱からその魅力を引いたものだ」と書き、アラン・ド・ボトンは「[憂鬱は] 治療が必要な病気ではない」と述べている。「憂鬱は朦朧状態だ」と、ヴィク

トル・ユーゴーは『海の労働者』のなかで言っている。「苦しみがそのなかに溶け、陰気な喜びになる。憂鬱は悲しくあることの快楽だ」

*

憂鬱は世界という織物に編み込まれているが、それが生まれ出るのは認識という営みを通してである。誘われ、丸裸にされ、求愛されることで、この世に存在するようになる。憂鬱が密集しているのは、スコットランドの風景、チェット・ベイカーのトランペット、ワーズワースの詩、ピーテル・クラースの静物画、あるいはイスタンブールの人通りのない道、あるいは難民の瞳、あるいは晩秋の色、あるいは早朝の雨、あるいは夕暮れの光だ。とはいえ、それぞれの憂鬱の性質は唯一無二で、どれも異なっている。無数の現れ方があり、時間や空間と同様に姿や形も超越できる。

*

とらえどころのない憂鬱を巧みにつかまえた職人は歴史上数多くいる。ロシアの映画監督アンドレイ・タルコフスキーはそのひとりだ。彼がつくったすべての

映画のすべてのシーンが、ノスタルジア、記憶、崩壊に満ちた風景をとらえており、それは映画のスクリーンと結びつくことで観客にとびきりの憂鬱を届ける。彼の芸術的スキルの真髄は1979〜84年に撮られた一連のポラロイド写真に凝縮されている。ポラロイドがファッショナブルな人々にあらためて取り入れられる以前のことを想像してみれば、注目に値する何かがあるとわかるだろう。そのポラロイド写真は『インスタント・ライト（*Instant Light*）』という本にまとめられている。タイトルはダブルミーニングになっていて、一方ではポラロイド写真の魔術を、他方では光 —— まぎれもないタルコフスキーの光 —— のはかなさを表している。光は、憂鬱の、とりわけノスタルジックな憂鬱の古典的な導管のひとつであり、すべての瞬間は必ず遠ざかってしまうということを伝えてくれる。タルコフスキーの写真に写っているのはだいたい平凡なものだ —— 朝食のテーブルの上のガラスの花瓶、霧がかった野原に座る犬、からっぽの街路。しかし、ポイントはそこで

はない。タルコフスキーの狙いは、題材の向こうに目を向けさせ、その写真を、記憶という行為のむなしさと、それでもそれを試みる滑稽な美しさに対する抗議であると感じさせることだ。一瞬のうちに世界をノスタルジアに染められるという性質に加え、ポラロイドを憂鬱なものにしているのは、その一時性である。フィルムで撮られた写真はすべて唯一無二の物体で、かぎりない再生産、そして不死に向かう現代の衝動を拒絶している。

*

わたしは中古品店の憂鬱が特に好きだ。最高なのは――つまり、もっとも悲しいのは――ほこりっぽい洞窟のような霊廟、終着点特有の絶望のにおいに満ちた謎めいたタイムカプセルだ。それぞれの物の内部には、追放の苦しみ、祖国から引き離されたことで感じる憂鬱なノスタルジアが秘められている。しかしそれでも、その物たちは断固として歩みつづけ、捨てられたという忌々しい事実に抵抗している。中古品店で、わたしは客ではなく人類学者となり、秘められた過去の痕跡を求めて遺物を

観察する。体の重みで沈んだ跡が残るこの古い肘かけ椅子はどうだろう？ このウールのディナージャケットは？ 近づくと、タバコ（ナチュラルアメリカンスピリット？）の強い香りが感じられ、それには安っぽいコロンとすえた汗のにおいも混ざっている。中古品店で、わたしたちは買い物客ではなくシャーマンになるのだ。わたしたちには死刑囚を生き返らせる力がある。

古い写真は、ロラン・バルトが言うところの「写真自体の憂鬱」に特に富んでいると思う。中古品店では、半分撮影済みの、あるいはすべて撮影済みの、古いプラスティックのフィルムカメラが見つかる。中古品店のカメラの現像されていないフィルムは、捨てられることになってしまった過去について考えさせる。現像する前に死に邪魔されたのかもしれないし、プリントして蘇らせるにはあまりにつらい記憶が含まれていたのかもしれない。わたしはそのようなものを見つけるたびに、死んだカメラからこっそりフィルムを抜き取り、地元のドラッグストア

89

で現像する。ときには、その光沢紙のプリントを冷蔵庫に飾ることもある。まるで自分自身の思い出、これから起こりうる未来か、もはや思い出せない過去の出来事の記録であるかのように。

「死こそが写真の本性だ」とロラン・バルトは書き、古い写真のなかに見られる人々は死から蘇っているのだと示唆している。しかし、死から蘇るのは写真に写る人々だけでなく、紙の写真自体もそうである。それは過去の世界——アナログ写真の世界——の産物だ。写されているのは、意味のある瞬間、写し取った人がほかの何よりも重要だと考えた瞬間である。写真は記憶の不正確さに対する反抗であり、そのアルバムは忘却の波に対するささやかな抗議のコレクションとなる。しかし、失われたり捨てられたりすると、その記憶は世界にぽんと放り出され、もはや時の流れのなかで忘れられた瞬間を写す謎めいた物体でしかなくなる。ゲイリー・ウィノグランドはかつて、自分が写真を撮るのは写真に撮ったときにそれがどのように見えるのかを知りたいからだ

と言っていたが、わたしたちが写真を撮るのはそれが未来の記憶としてどのように見えるかを知りたいからなのかもしれない。

中古品店考古学に何年も取り組むうちに、数百枚の古い写真が集まった。それらは見捨てられた過去の人生の破片であり、本のページのあいだや、上着のポケットのなか、ときには捨てられた写真のアルバムの最後に隠れている。他人の人生の残骸のなかで見つけた写真をわたしはいつも盗み、ぬけぬけとポケットに滑り込ませるが、やがて安全な自宅の寝室にたどり着くと、それらの写真は、古い靴箱のなか、失われ追放された記憶が集まった聖域に入ることになる。

少し前、古い図書館の本の巻末に1枚の写真を見つけた。墓地の白黒写真で、ぱっと見たところ、どこにでもある墓地のようだった。灰色の墓石が、背の高いマツの黒い木の下からうようよ伸びている。前景には、墓を囲んでいるのであろう低い柵がある。しかし不思議なことに、この墓から白煙がもくもくと立ち昇っていた。空中でさまよい、どこに行けばいいかわか

らないかのようだった。墓地という文脈で考えると、その煙は霊の出現のように思えた。写真には、「セントラリア、死にゆく町」という痛切なキャプションがついていた。そこに写るものの謎の説明にはなっていなかったが、好奇心が刺激された。そして偶然にも、この少しあと、わたしは友人と車でクリーヴランドからニューヨークへ向かっていて、まさにアメリカのラストベルトを通り抜けていた。わたしはセントラリアに少し寄りたいと言った。

ペンシルヴェニア州のその小さな炭鉱町が世界的に有名になったのは1962年のことで、ごみ処理場で町のごみを燃やそうとしたところ、火が地下の炭層にまで燃え移った。消火活動はことごとく失敗し、地下の火は長い導火線のようにゆっくりと町に向かって広がった。ある日予告もなくやってくるトルネードやハリケーンなどの災害とは違い、この地下の炎は20年かけてセントラリアに到達した。まるで、カメの甲羅に乗って運ばれてきた惨状のようだった。

1984年になると、陥没孔が町じゅうで自然に現れ、毒ガスを発するようになった。避難指示が出され、2700人の住民のほぼ全員が荷物をまとめて周辺の地域に移動した。「人間が生きることのできない場所だった」と、デイヴィッド・ドゥコックは1986年にセントラリアについて書いている。「水星よりも暑く、土星ほどに有害な環境だった。炎の中心では、温度はゆうに華氏1000度を超えていた」。車のなかでわたしたちは、待ち受ける燃える地獄 ── コールの『楽園追放』の実写版 ── をいろいろと空想した。

午後遅く、Googleマップが指し示す場所に近づいていた。だが、セントラリアに着いたと知らせるものは何も見つからなかった。それに、水星のようでも土星のようでもなかった。わたしたちを出迎えたのは、生い茂った森とこんがらがった低木林だった。かつてメインストリートだった思われるところから、名前のない横道がいくつも直角に伸びていた。わたしたちは減速してそのうちの一本に入り、車を止めて外に出た。厚い緑の覆いが6月の暑さを遮っ

てくれ、驚くほど涼しかった。見渡すと、崩れゆく廃墟はおろか、アメリカのラストベルトによく見られる脱工業化の遺物もなかった。また、煮えたぎる地獄がこの下にあると思わせるものも何もなかった。郊外の道の黒く光るアスファルトと錆びた警戒標識をのぞいて、人間の存在の跡は風景からきれいに切り取られているようだった。

　車を離れ、オークの木——これは園芸の痕跡だ——の下を黙ってぶらついていると、広い道路が間違って通されてしまった大きな公園を歩いているような気分になった。最初の失望はすぐに圧倒的な薄気味悪さに取って代わられた。いくらか注意を払えば、30年ほど前に家が建っていた土地を見分けることはできた。アメリカの小さな町の標準的なサウンドトラック——鳥、コオロギ、車、芝刈り機、吠える犬——は流れておらず、かわりに重い沈黙があり、物質を超える何かが風景に欠けているという感覚がますます強まるばかりだった。セントラリアという負の空間には、取り残されてしまった意識や、いまや場違いになっ

てしまった感情が漂っていて、人が部屋を出ていったあともその存在がしばらく残っているというような感じがある。セントラリアをゴーストタウンとみなすのは不適当かもしれない。捨てられた町のことについて伝える廃墟——ゴーストタウンの町（タウン）の部分——すらなく、幽霊（ゴースト）を置き去りにしているのだから。ここにあるのは、人類の歴史の最後の残存物までもが記憶の風景から消えてしまった遠い未来だ。わたしたちは無言で道の端まで歩いたが、そこには丁寧に積まれた汚れたマットレス、車のタイヤ、1台の冷蔵庫があった——となり町の住人が地下の悪霊を寄せつけないためにつくった生贄（いけにえ）のようだった。

　わたしたちはさらに歩き、ペンシルヴェニア州道61号線の放棄された区間に出た。あとで知ったことだが、熱で歪み、維持費が高くなりすぎたため、この区間だけ切り離されたそうだ。ほかにだれもいないなか、わたしたちは道路の真ん中を大股で歩いた。その道は丘を下って遠くまで伸びていた。おどけてうねる波のように上がり

下がりした路面は、鮮やかな落書きのメッセージで飾られていた。場所によっては、アスファルトが膿んだ吹き出物のように数十センチ膨れ上がって割れ、地下のバス停のような強い腐敗臭を放っていた。わたしはフロイトを思い出した。彼は「喪とメランコリー」のなかで、「憂鬱症のコンプレックスは開放性損傷のようだ」と書き、喪に服す人は傷を塞ごうとするが、憂鬱症にかかった人は長い苦しみを受け入れるという点で、死別の悲しみと憂鬱は異なるのではないかと言っていた。スプレー缶を持ってくることを思いついていたら、何千もの無意味なメッセージと並べて、この言葉をこの道に捧げることもできた。

だんだんと暗くなってきて、わたしたちは車のところへ戻っていった。その途中、ひとりの女性がこちらに向かって歩いてくるのに気づいた。アメリカで街の中心部やショッピングモール以外で歩いている人を見ると、いつもどこかドキッとさせられる。彼女は大きすぎる紳士用のビジネスシャツを着ていて、遠くからだと花柄に見えたが、近くに来るとその花は食べ物と汗の汚れのコラージュと化した。ぎこちない足取りだったが、それは履いていたのが靴ではなく、毛がふわふわした履き心地の悪そうなピンクのスリッパだったからかもしれない。ダークブルーの目が、左右非対称の厚い化粧越しにこちらをにらんでいた。ぐにゃっとしたタバコが下唇から危なっかしくぶら下がっていた。彼女はわたしたちの数十センチ前で立ち止まり、長い一服でタバコの先を激しく燃え上がらせた。

「なんも見るもんがないだろ、あんたたち」。その言葉はもくもくとした灰色の煙のなかから転がり出てきた。地面の下でくすぶる炭鉱と同じように、時の経過と一酸化炭素によって荒らされた喉から放たれたのだ。その発言はわたしたち3人のあいだに現れた灰色の亡霊のように浮かんでいた――そして、ちょうどやってきた4人目の人物であるかのように、わたしたちはそれを消えるまで見つめた。「そうっすねえ」。わたしのアメリカ人の友人はそう答えたが、わたしはおどおどして黙り込み、

わたしたちのあいだにできた虚空を見つめていた。彼女の発言は、わかりきったことを言って間接的に敵意を向けていたのか、純粋な驚きだったのか —— 彼女もまた、30年が経ったいまも、町が跡形もなく消えたということを信じられないでいるのか —— わたしにはわからなかった。

沈黙のなか、わたしたちは車に乗ってハイウェイ80号線に戻り、ニューヨークに向かった。行きの車のなかに満ちていたわくわく感は消え、そのかわりに大きな虚無感があった。自分たちは日和見主義の旅行者だという恥と罪の意識があった。わたしは、もはや存在しない町の無人の道をさまよいつづけるあの女性のことを考えた。外部の力ではなく、みずからの軽率な行いによって滅ぼされた町のことを考えた —— それは、ある種の抽象的な意味で、世界の現状の寓意だ。セントラリアの地下100メートルで燃える炎、人新世までゆうに燃えつづけるだろう炎のことを考えた。そして、遠くのニューヨークの灯りが地平線を照らすなか、炎がついに燃え尽き

たあとの世界はどうなるのだろうか、あるいはそれもまたセントラリアのようになるのだろうかと、想像をめぐらせた。

*

ボストンに戻ったあと、わたしはまたボストン美術館に行き、法外な23ドルの入場料を払った。（本来は25ドルだが、2ドル安くするため、学生だと嘘をついた。学生のころよりも貧乏なのだからと、自分に言い訳をして。）この日、美術館にはほとんど人がおらず、授業で来ていたティーンエイジャーの女の子たちが、ペアになって足を組んで座り、お互いの抽象的な肖像を描いているくらいだった。わたしはスーパーマーケットに来たときのように大股でさっさと各部屋を抜け、ようやく『追放』にたどり着くと、すぐに思索的なポーズをとった。

そのときふと思った。なぜコールは右から左に読むような絵にしたのか？　神話的な人類史のはじまりからすでに、わたしたちは破滅に向かって後退していたと言っているのだろうか？　そしてなぜ世界のはじまりは世界の終わりに

これほど似ているのか？　あるいは本当に同じなのかもしれない。時間は直線的ではなく循環的なのだ——この絵が描いているのは、破滅と蘇生を無限にループさせるレコードのスクラッチなのだ。

わたしはできるかぎり絵に近づき、鼻とキャンバスのあいだがわずか2、3センチのところまで来た。アダムがエデンの園の戻ることのない過去を振り返って見ているのが、なんともノスタルジックに感じられた。そしてまたふと思った。最初の人間は最初の難民でもあったのではないか？　その絶望の仕草は、追放された人々、祖国を追われ地球上を永遠にさまよわなければならなくなった人々にこそふさわしいのではないか？　コールはエデンの園を前近代（プレモダン）として、子どものように無邪気で罪のない時代として感じとってもらいたかったのかもしれない。アダムとイヴはいまのわたしたちで、憂鬱を感じ、失われた楽園を懐かしんでいるのかもしれない——すでに終焉を迎えている世界に裸で迷い込み、ジョージ・ウィリアムソンが言うところの「後半の時代に住むこと

の憂鬱」に向かっているのかもしれない。

ロマン主義者の憂鬱は叙情的かもしれないが、ポストモダンの時代には憂鬱も少しずつ変化している——いまではそれは、太古の森や嵐の空ではなく、崩れゆく都市の殺伐とした孤独のなかに見つかるものだ。もしコールがいま生きていて、ロマン主義の感傷ではなくポストモダンの皮肉を受け入れていたら、とわたしは想像した——アダムとイヴがエデンの園を追われて向かうのは、終わりなき交通渋滞の世界、廃墟のロマンさえ奪われた、巨大ショッピングモールと捨てられた町の世界なのではないだろうか。

＊

わたしは美術館を出て、道を渡って公園に行った。きらめく午後の光がエメラルドの樹冠からこぼれ、わたしの足元で複雑な影のコラージュが踊っていた。美術館と違い、公園は生き生きとしていた。ジョギングやサイクリングをする人たちがまわりをすーっと流れていき、自分が川の小石のように思えた。小さな橋を渡ると運

動場に着き、そこではライクラの
ウェアを着た女性のグループがエ
クササイズしていた。わたしはベ
ンチに座り、彼女たちが謎めいた
運動の儀式を繰り返すのをしばら
く見ていた。このとき、クリス・
マルケルの映画『ラ・ジュテ』の
名もなき主人公になった気がした
——破滅的な未来を書き直すため
にタイムトラベルで過去に行くが、
そこでひとりの女と、滅びる運命
の世界に恋をする男だ。幽霊のよ
うに、しかし過去からではなく未
来からやってきた彼は、喪失の美
に彩られた世界に圧倒される。男
と女は、国立自然史博物館のほこ
りっぽい遺物のなかをさまよい、パ
リの公園に行くと、やわらかな午
後の光の下でベンチに座る。女は
目を閉じているが、男はあたりを
見まわし、かすかに笑みを浮かべ、
壊滅した風景を眺める。

　暗闇が、気づかないほどゆっく
りと漂ってきていた。遠くに、ト
ランペットの優しくすすり泣く音
が聞こえた。わたしはバッグから
フランシス・フクヤマの『歴史の
終わり』〔原題は『歴史の終わりと最後の
人間（The End of History and the

Last Man)』』を取り出した。数週間
前に買ったが、まだ開いていなか
った。最後のページまでぱらぱら
とめくり、歴史の終わりのネタバ
レを取り急ぎ知ろうとした。「歴史
の終わりは非常に悲しいときにな
るだろう」とフクヤマは書いてい
る。「歴史後の時代には、芸術も哲
学もなく、ただ人類史の博物館を
永遠に管理するだけだ。わたしは、
歴史が存在した時代へのノスタル
ジアを、自分自身に感じ、まわり
の人々に見ることができる」。この
3つの文は、美術館の残り香と秋
のにおいと暮れゆく日の光と結び
ついて、ノスタルジックな憂鬱を
引き出し、素晴らしい酩酊感を感
じさせてくれた。

　灯りに照らされた夜気のなかを
歩いて家へ帰りながら、わたしは
ナボコフのことを思った。彼は、
心のなかで未来に身を置くことで、
現在は未来の記憶になると言って
いた。このささやかなズラしによ
って、ありきたりな現在が時代錯
誤なものに変わり、あらゆるもの
が記憶の色に染まる。それは過去
へと消えた時間にふさわしい、深
みのある美しい色だ。

アメリカ合衆国　ネヴァダ州

破滅町

Doom Town

アメリカ合衆国
★破滅町

ラスヴェガスのお客に「絢爛たるショー」をお届け！
建設と破壊を延々と繰り返していた、冷戦時代の虚構住宅地

破滅町（Doom Town）へようこそ。ここはネヴァダ砂漠の真ん中のアメリカンドリームの町。1954年の民間防衛のプロパガンダ映画『直視しよう（*Let's Face It*）』によれば、この魔法の場所は「鉄と石とレンガとモルタル、そして緻密さと巧みさでできている —— 千年はつづきそうだ。しかし、ここは奇妙な現実離れした町なのだ。まさにSFの世界から出てきた創造物。地球上にふたつとない町。家は、清潔で家具を完備しているが、だれも住むことがない。橋は、大きな鉄桁が、無人の砂漠に架かっている。鉄道線路はどこにもつながっていない、ここが線の終わりなのだから」

1955年5月5日午前5時10分、29キロトンの原子爆弾（広島に投下されたものの2倍の大きさ）が、この幸せな町を地球上から完全に消し去った。民間防衛関係者にはアップル2実験地、楽観主義者には生存町（Survival Town）、その他の人々には破滅町（Doom Town）として知られるこの場所は、ただ破壊のためだけに設計、建設された。この爆発は、町が建設、破壊、そして再建設、再破壊される、ニーチェの永劫回帰の悪夢版のような壮大な軍事実験の一部にすぎなかった。そこは典型的なアメリカの郊外で、

DATA

場所：北緯36度47分／西経115度56分
日本からの所要時間：15時間　総費用：11万円

消防署や無線局に加え、図書館、バス、車、そして十数軒の家があり、全員白人の、笑顔を浮かべた、中流階級のアメリカの家族が住んでいた。（マネキンが演じていた。）ソヴィエトの爆弾がアメリカの町を襲った場合の壊滅的被害は、もはや想像する必要がなかった――現実に創造できるのだから。「ビフォー」の写真は1950年代の『ハーパーズ・バザー』誌の広告のようだ。オペレーション・ドアステップ〔1953年に行われた核実験〕の白黒写真のひとつでは、若く小ぎれいな格好をした2組のマネキンのカップルが、キッチンテーブルに気楽な感じで座っている。食事をするところのようで、白い磁器の皿と飾りのついたグラスがぴかぴかの木のテーブルの上にきちんと置かれている。別の「ビフォー」の写真では、別の家の大きく明るいリビングで、家族がくつろいでいる。花柄の長いカウチに、ハンサムな中年男性が寄りかかって座っている。その向かいでは、同じ服装の日焼けした男性が椅子にちょんと腰を下ろしていて、少し首をかしげ、カウチの男性が好ましくない経済状況について語るのを聞いているようだ。彼らのまわりでは、小さな子どもたちが遊んでいる。男性たちの左側には、スレンダーで麗しい女性が丸い革の足載せ台に腰かけている。着ているのはエレガントなイヴニングドレス。おそらく彼らはディナーに行くところなのだろう。これが虚構だとわかるのは、女性のうしろの窓の外を見たときだ――白い柵に囲まれた青々とした芝生ではなく、色の抜けた砂漠の向こうに、果てしなく何もない空間が、雲のないネヴァダの空との境にまで広がっている。十数軒かそこらの家はどれも周到につくられ、似たようなジオラマの光景を見せてい

た。屈託のない子どもがベッドにくるまれている。典型的な主婦がディナーを用意している。誇り高き父親が夕刊を読んでいる。何よりぞっとするのは、民間防衛の科学者たち —— マネキンを好きなように配置できる —— が、日常の無邪気な瞬間を意図的に再現していることだろう。どんなときにも起こりうるのだと言わんばかりに。

　「アフター」の写真は彼らの倒錯した期待に沿ったものだ。ディナーパーティーは、斧を持った殺人鬼集団に押し入られたように見える —— プラスティックの手足が、木と割れたグラスの破片のあいだに散らばっている。ひとりは一見あまり傷を負っていないようだが、よく見ると、光が頭のコイン大の穴から漏れ、まるでランプシェードのようになっている。驚くべきことに、2つ目の家のリビングは部分的にしか破壊されていないようだ。コーヒーテーブルがひっくり返り、窓のそばの女性が酔っ払ったようにうしろに倒れ、ガラスの破片とプラスターの残骸が床に散乱している。子どもたちはなぜか消えているが、椅子に座っていた男性は少しも動いていない —— 町で起きた核爆発にまったく気づいていないかのように、ある一点をじっと見つめつづけたまま、深く考え込んでいる。

　もちろん、わたしたちが本当に見たいのは、ビフォーとアフターのあいだに起きたこと、物質世界が生じる間もない短い瞬間のことだ。この望みを叶えてくれるのはストップモーション撮影である。1953年の映画『オペレーション・ドアステップ（Operation Doorstep）』では、嘘のような猛烈な破壊の一部始終が現実のものとして映し出されている。「ここでふたたび1つ目の家

が崩壊する様子を、今度はストップモーションでご覧いただこう」と、ナレーターは堂々とした調子で告げる。まばゆい光が荒涼とした砂漠を照らすと、白い木の家が中央に見える。それは自然発火し、黒い煙に包まれる。見えない津波が、子どもがタンポポの綿毛を吹き飛ばすように家を洗い流し、それから静かな時間が訪れる。「忘れないでほしい」と、ナレーターは厳かな声で締めくくる。「あなたがいま詳細に目にしたものは、わずか2.3秒のあいだに起こったのだ」。ヒッチコック映画を思わせる劇的なサウンドトラックがいっそう緊張感を高めている。

　この映画体験を可能にしてくれたのは、少なくともある程度、ストップモーション撮影の発明者であるエドワード・マイブリッジだ。彼は科学者、イノヴェーター、アーティストであり、時間の外科医、動きを標本にする剝製術師だった。1878年、マイブリッジの有名な馬は、写真が急速に映画に変わる未来へ向かって駆け出した。次の世紀にわたしたちが発見したのは、核爆発が家を吹き飛ばす映像を見ることは破壊の検死解剖を見ることであり、それにはゆっくりとした、華麗な、否定しがたい美しさがあるということだった。

　1951年から1992年のあいだに、ネヴァダの実験地では928発もの原子爆弾が爆発させられた。1950年代には実験が観光客に人気を集め、実験地からわずか100キロ南東のラスヴェガスはこの好都合なロケーションをすぐに利用した。「原子の町」と称されたヴェガスの商工会議所は、爆発の日時と主な観賞場所を宣伝するカレンダーやパンフレットを制作した。ホテルやカジノは「夜明けの爆弾パーティー」を開き、客は「原子カクテル」

を飲んで、夜通し踊り、朝の空を彩る原子花火ショーを待った。絢爛たるショーをその目で見られない人のために、実験はたびたび生中継され、全国の家庭に流れた。

　プロパガンダ映画は核攻撃から生き延びられると人々に信じさせようとしていたが、図らずも人々は自己破壊の光景を見ることに倒錯した喜びを見出した。それは映画的につくられ、心地良い家庭に届けられるものだった。破壊を味わいたいなどとは決して思っていなかったとしても、一度その味を知ると、もう元には戻れなかった。そして、今日ハリウッドとして知られる5千億ドルの産業が発展した。映画では奇妙な新しい街がいつも破壊されていて、ますます常軌を逸した黙示録的シナリオがつくられているが、わたしたちはそのような映画のなかでみずからの自己破壊を大げさにリハーサルしているのだ。

　破滅町は虚構の郊外住宅地であり、そこでは未来の不安が映し出され、巻き戻され、再生され、再建設され、また破壊された。マイブリッジの原始的なストップモーション撮影は未来を回顧的に見るもので、彼は見えないものを見えるようにする方法を示した。レベッカ・ソルニットはマイブリッジについてこう書いている。「彼は秒を分裂させた、核分裂のように劇的かつ大々的に」

破滅町への行き方

羽田空港から乗り継ぎ便でマッカラン国際空港まで約15時間かけて移動。破滅町があるネヴァダ国家安全保障施設の入口、マーキュリーまで車で1時間。見学にはパスが必要。

南極

黙示峰

Apocalypse Peaks

あなたは次々と現れる預言者たちの嘘を見破れるか？
黙示録の四騎士を氷の中に閉じ込める南極の島

南極大陸

★黙示峰

1958年の夏、ニュージーランドのヴィクトリア大学ウェリントン校の地質学の学生と職員が毎年恒例の南極調査遠征に赴き、ヴィクトリアランドの突き出た露頭のまわりを航海していたところ、寒々とした南極の空に4つのでこぼこした山の峰が見えた。地質学の学生にしては非凡な想像力を持っていた彼らは、その4つの峰がまさに黙示録の四騎士そっくりだと考え、この名もなき山を「黙示峰（Apocalypse Peaks）」と命名した。

現代では世界の終わりに起こる一連の災難を表すのに使われるapocalypse（黙示）という言葉だが、かつてはもっぱら宗教的な事象と結びついていた。「明かす」という意味のギリシア語が由来で、具体的にヨハネの黙示録のことも指す。大方のキリスト教徒によれば、聖書における黙示とは、一連の出来事によって世界が終わるという、神が告げた未来である。まず、7つの巻物が「小羊」——7つの角と7つの目を持つ——によって開かれ、人類（悔い改めたキリスト教徒以外）の重苦しい未来が明かされる。最初の4つの封印が解かれると、馬に乗った黙示録の四騎士が現れる——白い馬は支配、赤い馬は戦争、黒い馬は飢

DATA

場所：南緯 77 度 23 分／東経 160 度 51 分
日本からの所要時間：13 〜 22 日
総費用：270 万円（うちクルーズ代が 257 万円）

餓、青白い馬は死をもたらす。第五の封印が開かれると、殺された殉教者の魂が、神に「わたしたちの血の復讐」を求めて叫ぶ。第六の封印が開くと、「天は巻物が巻き上げられるように消えていき、山と島はすべてその場所から移された」。第七の封印は、30分の「天の沈黙」をもたらし、それにつづいて7人の天使が現れ、それぞれにラッパが与えられる。これはミュージカルの演出ではない。天使がそれぞれラッパを吹くと、一連の災難が世界に降りかかる。たとえば、雹と火の雨。馬ほどの大きさで、人間の顔、女性の髪を持つイナゴがもたらす5ヶ月間の苦しみ。天から落ちてくる「ニガヨモギ」という星。海に崩れてゆく火の山──海の生き物を滅ぼし、海を血に変える。破壊的な地震。徹底的に苦しめられながらもいまだ動きまわっている人間の3分の1の一掃。血、暴力、異様な怪物が過剰に現れることから、黙示録には1980年代のB級ホラー映画的な可笑しさがある。不思議なことに、ヨハネの作だとされてはいるものの、ヨハネがだれかということは学者にもよくわかっていない。滑稽なほどに常軌を逸した内容ゆえに、作者の正体を隠すためにペンネームが必要だったかのようだ。

　しかしながら、今日も、何百万もの人が聖書の黙示を恐れるとともに、待ち望んでいる。2012年にロイターが実施した国際調査によれば、世界中の約15%の人が自分が生きているあいだに世界が終わると信じている。アメリカ人はその割合がもっとも高く22%に及び、イギリス人は8%だった。

　人はこの世界に住みついて以来、つねに終末を予期してきた。最古の黙示の予言として知られるものは、紀元前2800年にまで

103

さかのぼる。アッシリアの銘板にこう刻まれていたのである。「われらが地球は近ごろ退廃している。世界が急速に終わりに向かっている兆しがある。賄賂や汚職が日常茶飯事になっている。子どもたちはもはや親の言うことを聞かない。だれもが本を書きたがっており、世界の終わりは明らかに近づいている」

　1499年、ドイツの著名な数学者・占星術師のヨハネス・シュテフラーが、聖書に記された洪水が1524年2月20日に大地を飲み込むと予言した。すべての惑星が、その日、水の宮の双魚宮に集まるためだということだった。世界の終わりを告げる何百もの冊子が配られ、ドイツじゅうがパニックになった。自衛の試みとして、フォン・イグルハイムという伯爵は豪華な3階建ての方舟をつくった。応報の日は少しどんよりとしていた。小雨が降り出すと、ヒステリーになった人々はフォン・イグルハイムの方舟の席を巡って争い、数百人が死に、フォン・イグルハイム自身も石を投げられて死んだ。

　1666年は、キリスト教徒にとって特に悩ましい一年だった。ロンドンの掃き溜めのような場所に住んでいた人々 —— ペストの影響で、前年に人口が5分の1減っていた —— にとって、終末はすぐそこに思えた。9月2日、ベーカリーで発生した火災が3日にわたってロンドンじゅうを襲い、この街を燃え盛る地獄に変えた。1万3千棟の建物と数千軒の家が灰と化し、多くの人は黙示が現実になったと感じた。とはいえ、最終的に、この火事で犠牲になったのは10人だけだった。不幸だったとはいえ、世界の終わりというほどではなかった。

南極海

黙示峰 ★
　　　○
　　マクマード基地

　「大失望」として知られる出来事が起きたのは、1840年代、マサチューセッツの説教師ウィリアム・ミラーが黙示の到来を告げたときだ。ポスター、ニュースレター、予言図によって、1843年3月21日から1844年3月21日のあいだに世界が終わるという彼のメッセージが広まった。不思議なことに、1843年2月下旬に、明るい彗星が空に出現した。この1843年の大彗星の輝きは強烈で、しばらくのあいだ明るい日中にも見ることができた。この不吉な兆しによって、さらに数千人がミラーの運動に引きつけられ、10万人もの人がもはや役に立たない俗世の財産を捨て、周辺の山に行って世界の終わりを待った。しかし終わりが訪れないと、ミラーは日付を1844年10月22日に改めた。10月23日、輝かしい朝日のもとで、彼の忠実な信奉者たちはまたも嘆いていた。そのうちのひとり、ヘンリー・エモンズはこう書いている。「火曜日じゅう待っていたが、イエス様は現れなかった……2日間、何の苦しみもなくひれ伏し、失望に襲われていた」

　近年でもっとも多産な黙示予言者はおそらくハロルド・キャンピングで、世界の終わりの日をじつに12回も発表した。聖書に書かれた数字や日付から計算をした彼は、1992年に『1994?』という本を出し、その年に世界の終わりが訪れると予言した。彼の予言のなかでもっとも悪名高いのは、2011年5月21日だろう。聖書の洪水からちょうど700年にあたる日だということだった。馬に乗った騎士が現れることなくその日が過ぎると、彼は計算がずれていたと言い、日付を10月21日に改めた。「わたしはオ

オカミ少年のようだ」とキャンピングは言った。「それでもまったくかまわない」

　いま、世界の終末を予測しているのは、宗教の預言者ではなく、科学だ。わたしたちが不安な目で見つめるのは、天空ではなく、南極の氷河である。地球の崩壊をもたらすのは、白い馬ではなく、見えないガスなのだ。とはいえ、いまのところは気楽にいられる。黙示録の四騎士はまだ空色の氷のなかに押しとどめられているのだから。

黙示峰への行き方
成田空港から乗り継ぎ便でインバーカーギル空港まで約17時間30分かけて到着。空港から、クルーズツアーの宿泊先のケルビンホテルまでタクシーで5分。翌日、ホテルからブラフ港まで送迎してくれる。出航してから12〜21日目に南極ロス海付近に到着。

南極
表現不能島

Inexpressible Island

南極大陸

★表現不能島

南極探検隊いわく、地獄は表現不能島そっくり?
先人が南極に思い描いた「対蹠の夢」を確かめに行こう

　1912年、南極。「地獄への道は」と、ジョージ・マレー・レ
ヴィックは、凍りついた寒々しい風景を臨む小さな氷の洞
窟で書いた。「善意で舗装されているかもしれないが、地獄は表
現不能島 (Inexpressible Island) 風に舗装されていそうだ」。赤痢と
凍傷で体の自由がきかず、ペンギンを食べて飢えをしのいでい
たテラノヴァ遠征の6人のメンバーは、2度目の冬に救助を待っ
ていた。レヴィックは、洞窟の壁と同様、言葉の限界にもぶち
当たっていた。この未知の深い惨めさを適切に言い表す言葉が
思いつかず、彼はこの場所を「表現不能島」と名づけた。

　表現不能をどのように表現するのか?　オルダス・ハクスリ
ーは、沈黙に次いでそれを表現しうるのは音楽だと考えた。ゲ
ーテは、芸術は表現不能なものを仲介すると言った。一方、リ
ルケはこう考えていた。「大多数の出来事は表現不能であり、言
葉が介入したことのない領域で起こる」

　この大陸を表現することの難しさを感じたのは、レヴィック
が最初ではなかった。1820年に発見されるはるか前、南極の存
在はあくまで仮説で、地理上の抽象概念にすぎなかった。アリ

DATA
場所：南緯 74 度 54 分／東経 163 度 39 分
日本からの所要時間：13 ～ 22 日　総費用：270 万円

ストテレスが最初に、北の大陸とバランスをとる陸塊が南にあるはずだと言った。その意見は当然ながらいろいろな疑問を生んだ。その陸塊はどのくらいの大きさなのか？　どんなふうなのか？　だれが、あるいは何が住んでいるのか？　そのような疑問が何世紀もヨーロッパ人の想像力を刺激した。彼らは自分たちのドッペルゲンガーが世界の「底」にいるのを夢見た。自分たちの文明と同じくらい奇妙な、しかし正反対の、対蹠（たいせき）（antipodes）の文明があると。antipodesという言葉は、「足が反対向き」を意味するギリシア語のantipous（antiが「反対」、pousが「足」）に由来する。啓蒙運動以前の時代には、対蹠の人間という概念がきわめて文字どおりに受け取られていた。その想像上の文明人は、地理的に反対側にいるだけでなく、解剖学的にもさかさまで、手足がごちゃごちゃな構造になっていたのである。あくまで仮説上の土地は、無数の恐怖と欲望を映し出した。そこにはさまざまな現実および想像上の動物、突然変異した人間、醜い悪魔のような生き物がいて、さかさまに歩いている。目に見えない大陸は、物語や神話のなかでたびたび想像された。その理想的な没場所性は作家たちに好まれたが、それは、風刺的なユートピア、ディストピア、怪奇な想像物を、事実や矛盾を恐れることなく生み出し、思弁的な作品を書きえたからだ。ガブリエル・ド・フォワニの1676年の作品『南大陸ついに知られる』には、対蹠地に住む両性具有の人々が登場する。ニコラ・エドム・レチフの1781年の『飛行人間またはフランスのダイダロスによる南半球の発見』には、「メガパタゴニア」というユートピアが出てきて、そこでは「すべてが上下反対、前後逆」だ。

1607年に出版された主教ジョセフ・ホールの小説『別の世界、だが同じ（*Another World and Yet the Same*）』では、語り手が寒冷な山岳地帯を次々に訪れるが、新しく訪れる場所はつねに前の場所よりもひどい。あるところに住んでいるのは、木曜日にしか人と会わないという寂しい人々で、いつも室内にこもり、「これまでなされたことがなく、これからもなされないだろうことを想像している」。比較的新しい例としては、ワレリイ・ブリューソフの1905年の短編「南十字星共和国」が、「自己撞着狂」に苦しむ対蹠の都市を描いている。この病にかかった人は、相手を褒めたいときに罵り、助けたい相手を殺してしまうこともある。

　同様に、この理論上の場所がどのような様相であるかについても結論が出なかった。16〜18世紀の地図では、地図作成者が自身の気まぐれな想像にもとづいて大きさ、形状、地勢を決めていた。ヘラルト・デ・ヨーデの1578年の世界地図『全世界図あるいは平面の地球儀（*Universi Orbis Seu Terreni Globi In Plano Effigies*）』は、世界をへにゃへにゃのパンケーキのように描いていて、「未知の南方大陸」がニューギニアを北限に広がっている。アブラハム・オルテリウスの1570年の地図では、「いまだ知られざる南方大陸」が南半球のほとんどを埋め尽くす、地球を支える巨大な白い手になっている。

　19世紀中頃、探検家たちがついに南極の探検をはじめると、彼らが出会ったのはさかさまの悪魔のような怪物ではなく、それよりはるかにとらえがたい、かたちのない、ぼんやりしたもの —— 場所そのものだった。この広大な単色の風景 —— 特徴がないとともに終わりがない —— には、位置、規模、距離を示すも

のがほとんどない。南極の風景は絶え間なく変化するものだ。氷河が溶けてふたたび凍る。大浮氷群が土地を拡げ、それから縮める。幽霊のように、みずからの存在に確信が持てず、移動し、変化し、適応し、振動する —— 姿形を持つことを拒み、人々の想像力にとりつく。

　それゆえ、探検、地図作成、地名の決定が難しい。どんなところかというよりも、どんなところでないかということが際立っているのだから。発見されたあとも、この土地は定義されるのを避け、表現されるのを許さなかった。無形山（Shapeless Mountain）も、探検隊がその形状に関して意見の一致をみなかったためにそう名づけられた。無形山はあまりにも無形であるため、のちのある遠征隊は、それに登るつもりがまったく違う山を登ってしまった —— そのとき、その山は誤解山（Mistake Mountain）と名づけられた。間違い峰（Wrong Peak）も同じような状況でその名がついた。1963年には後ずさり氷河（Recoil Glacier）が命名されたが、これは名づけの親の地質学者が、そこに何も興味深いものが見つからず、「いやになって後ずさり」したからだといわれている。

　ホルヘ・ルイス・ボルヘスの「王宮の寓話」には、皇帝の美しい大宮殿について詩を書く詩人が出てくる。詩人の簡潔な作品（わずか1語からなるともいわれる）は宮殿を完璧に描写していたため、激怒した皇帝は「おまえはわたしから宮殿を奪った！」と叫び、詩人をただちに処刑する。話はそこで終わらず、詩が朗読されたときに宮殿が完全に消えてしまったという説も

紹介される。いわく、「この世に同一のものが2つ存在することはありえない。詩人が詩を口にしただけで、宮殿は消滅したという。最後のシラブルによって破壊され、粉々に吹き飛ばされたかのように」。詩の表現があまりにも見事だったために、表象しようとした対象に取って代わったのである。南極の地図や神話は正しい表象こそできなかったが、わたしたちにとりつく生霊を生み出した。それは世界の底ではなく、想像の深淵にある場所だ。

南極海

表現不能島 ★

マクマード基地

表現不能島への行き方

表現不能島は黙示峰と同じ南極ロス海にある。106ページ参照。

アメリカ合衆国　ニューヨーク州

孤独町

Lonelyville

アメリカ合衆国
★孤独町

200年以内に海の底に沈むから、行くなら今のうち
男たちの思いつきから始まった、一癖も二癖もある細長島

独町（Lonelyville）の法律は明文化されている。「品行方正でない者は町内に居住してはならない。安息日は入浴を済ませた健康なすべての人によって厳格に守られなければならない。競馬、闘鶏、消防士の大会を日曜日に行ってはならない。ライオン、トラ、ゾウ、イルカ、クジラなどの野生動物を町内で飼ってはならない」。そして最後に、「潮が毎日満ち引きしているか、波が打ち寄せているかは、町議会が責任を持って確認する」。孤独町の議会とコミュニティ ── 男性3人のみからなる ── は、みずから提案した法律に満場一致で賛成した。

　孤独町は、全長50キロの細長い島、ファイアー・アイランドの西に位置する。ニューヨーク州ロングアイランドの約6.5キロ南に平行に伸びるファイアー・アイランドは、地形的にやや不安定で、島というより恒久的な砂州のようであり、天気や気候の関係で絶えず変形している。

　この島は、17世紀後半までは捕鯨の拠点となっていたが、最初に人が住んだのは1795年のことで、ジェレマイア・スミスという男が浜辺のそばにコテージを建てた。島に伝わる話によれば、スミスは日々、何も知らない船を岸に誘い出し、船員を殺

DATA | 場所：北緯40度38分／西経73度10分
日本からの所要時間：15時間　総費用：16万円

して物資を奪っていたという。スミスの悪行は、しかし、この島で起きた唯一の事件ではなかった。奴隷貿易業者が、人を寄せつけないこの島の地勢を利用して、捕虜を拘束して痛めつけたり、のちには、酒密輸入業者が貴重な酒を砂丘や木のあいだに隠したりしていた。幸い、以降は状況がよくなる。本格的に好転しはじめたのは1880年、レストランがオープンしたときで、そこからチェリー・グローヴのコミュニティが築かれた。こうして島の未来の発展ののろしが上がる。1890年代になると、ショトーカ集会という当時奇妙な人気を誇ったクリスチャンの運動を皮切りに、リゾートやさまざまなコミュニティが出現するようになった。島は独自の生命と文化を持った魅力あふれる場所となり、特に都市生活からの変化や逃避を求める人々を引きつけた。1900年代前半には、ディヴェロッパーが島の土地を買い、ヴァケーション用地として、ニューヨークシティから逃れようとする裕福な都市住民に売った。この島が人々の目的地になるのは不可避だった。やがて、細長い島はいくつかの小さな自治区にわかれ、それぞれが独自の人口構成とアイデンティティを持つようになった。

　1908年の夏のこと、友人同士の3人 —— 元治安判事のハリー・ブリュースター、元銀行出納係のハリー・レイヴン、元収税吏のセラ・クロック —— が、島の空いた土地を大量に共同購入した。彼らは自分たちの苗字をとって、3つの質素な浜辺の小屋にそれぞれ〈ブリュースターのバンガロー〉、〈レイヴンのランチハウス〉、〈クロックの城〉と名前をつけた。夏のあいだ、「ほかに何もすることがないときは、鴨を殺し……湾に行ってサッカ

ー〔コイに似た淡水魚〕などをつかまえ、眠りの合間には、各人の費用負担で食事をし、話を聞かせ合った」。そんなあるときの食事の際、ブリュースターは「その創造力に富んだ頭をひねり、浜辺のコロニーの掘っ立て小屋の集まりに名前をつけることにし、すぐに『孤独町』というのが浮かんだ」。そして、伝えられているところでは、「しかるべき喝采とシャンパンの祝福とともに、このリゾートは命名され、名声の海に乗り出した」

　孤独町は、物悲しい浜辺の掘っ立て小屋の集まりから、しだいに人の集まるコミュニティになっていった。1963年、名高いコメディアンのメル・ブルックスと、そのパートナーのアン・バンクロフトが、名無し通り（No Name Walk）に立つ、屋根板で覆われた海辺の家を買った。設計したのは、アメリカの著名なアーティスト・建築家、リチャード・マイヤーである。ブルックスは、このコミュニティの創始者たちの陰気な浮かれ騒ぎを気に入っていたようで、家でパーティーを開いては、即興でおなじみのネタを披露して客を楽しませた。そんなあるときのパーティーで、メル・ブルックスとカール・ライナー〔アメリカの映画監督・俳優〕は、「2000歳の男」というコントのアイデアを思いついた。これは1970年代にテレビ番組にもなった。ライナーがブルックスに、2000歳とはどんなものかと訊き、ブルックスが、歴史の展開を目にしてきた者の視点から、ウィットに富んだ返答をするというものである。

　自然の猛威につねにさらされているファイアー・アイランドは、2012年にハリケーン・サンディに襲われた。壊滅的な被害が生じ、家々が崩れ、島の一部が海に数十センチ沈んだ。住人

は低地のもろさを痛感させられた。ファイアー・アイランドで起きた一件は、世界で起こりつつある事態の予言、象徴としてもとらえられる。気象学者のなかには、ハリケーン・サンディは地球温暖化のさらなる不吉な兆しだと言う人もいて、彼らによれば、わずか200年のうちに、孤独町は、地球上のほかの低地同様、広がりつづける海底の一部になるという。

「喜劇とは真実の話、そして失敗の話だ」と、コメディアンのホリー・バーンは書いている。「人類の堕落と人間性に向き合うもので、自分自身や自分が住む世界について理解するのを助けてくれる」。2000歳の男という不可能な視点に立つことで、ブルックスは喜劇の基礎となる計算式 ── 喜劇とは悲劇プラス時間だということ ── をもてあそんでいる。ブルックスの年季の入った視点から見ると、人類の歴史は小さな災難の連続にすぎない。無力で迂闊な人類が主人公を演じる壮大な悲喜劇、世界という劇場で上演されるドタバタ喜劇なのである。「悲劇とは、わたしが指を切ったときのことだ」とブルックスはかつて言っていた。「喜劇とは、人が下水溝に落ちて死んだときのことだ」。いまのわたしたちが、気象学者が警告しているように、地球温暖化という下水溝に落ちそうになっているのだとしたら、悲劇ではなく、喜劇として、孤独町は海の底に沈むのだろう。

孤独町への行き方 ────────────────

羽田空港から乗り継ぎ便でジョン・F・ケネディ国際空港に約13時間かけて移動。空港駅からベイ・ショア駅を経由して約2時間でフェア・ハーバー駅へ。徒歩10分ほどで孤独町。

アメリカ合衆国　オハイオ州

ユートピア

Utopia

アメリカ合衆国
ユートピア ★

スピリチュアリストたちが生活したかつての理想郷
大洪水がすべてを押し流した今、あなたは何を見る

すべてのユートピアには、暗にディストピアがほのめかされている。完璧な社会という抗しがたい考えは昔からあり、社会そのものと同じくらい古いものかもしれない。ユートピアという言葉が最初に登場したのは、トマス・モアの1516年の小説のタイトルとしてだった。その予見的な物語のなかで、モアは、住人が完全な社会的調和のもとに暮らす「ユートピア」という名の島を想像した。

このユートピアはヨーロッパとは正反対で、ヨーロッパにないものをすべて持っていた —— 宗教的自由、共同所有、万人のための教育。そしてジェンダーの平等があり、だれもが有意義な仕事を楽しんでいる。モアのユートピアのヴィジョンは、啓蒙運動前のヨーロッパを苦しめていた過度な宗教的厳格さから生まれたもので、その厳格さと見事な対照をなしている。多くの人と同様、モアもクリストファー・コロンブスの航海に刺激を受けていた。コロンブスは、20年前に新世界を発見したばかりで、新しい完璧な社会が現実に生まれうる可能性を切り開いていた。とはいえ、ユートピアという言葉が登場する以前から、ユートピア社会は、想像上だけかもしれないが、長く存在していた。エデンの園、プラトンの『国家』、ブリューゲルの『怠け

DATA

場所：北緯38度46分／西経84度3分
日本からの所要時間：20時間　総費用：11万円

116

者の天国』、ベーコンの『ニュー・アトランティス』、これらに映し出されているのは、楽園は失われても、その喪失は取り返しのつかないものではないという考えだ。コロンブスは新世界とそこに住む人々に出会ったとき、幻のエデンの園を見つけたと思った。

　やがて20世紀中頃になると、いくつかの小説がわたしたちの未来に対する見方をふたたび変えた。ジョージ・オーウェルの『1984年』、オルダス・ハクスリーの『すばらしい新世界』、レイ・ブラッドベリの『華氏451度』は、どれも第三帝国の興亡の前後に書かれたものだが、そこで語られているのは理想的な未来の希望にあふれたヴィジョンではなく、人間の堕落と社会の衰退に関する不吉な警告である。これらの小説がすべて、ユートピアを追い求めることに注意を促す物語になっているのは、ユートピアを追い求めても、非道な独裁制 ── 言い換えれば、ディストピア ── にしかつながらないと、歴史が証明してきたからだ。

　新世界に流れ込んできた移民たちは、個人でがんばるよりも共同で取り組んだほうがいいと気づき、小さなコミュニティが辺境(フロンティア)にいくつも現れはじめた。宗教的迫害を逃れてヨーロッパを出てきた人々の多くは、いまや自分たちの小社会をつくり、人生を設計する自由 ── かつては想像することしかできなかった ── が少なくとも手に入った。カリスマ性のあるリーダーに導かれ、理想主義と新たな宗教的自由を軸にコミュニティがつくられていった。この人気と広がりがどれほどだったかといえば、

1900年の時点で、100以上のユートピアコミュニティが北米じゅうで生まれていたのである。

　フランスの哲学者・初期社会主義思想家のシャルル・フーリエは、北米で熱心な支持者を得た。フーリエは集団的協同を信じていたが、彼が思い描くユートピアは「ファランジュ」という自治社会だった。ジェンダーの平等、相互投資、集団での生活と労働を中心として社会をつくれば、生産性が高まり、人々は幸せになると、彼は主張していた。その社会のなかでは、一人ひとりの興味や願望にもとづいて仕事が割り振られるため、だれもが満足できる。一般に不快だと思われている仕事——畑を耕すなど——には高い報酬が支払われる。（あるいは、フーリエが「悪の根源」と考えていたユダヤ人奴隷が引き受けることもある。）フーリエは共同生活が重要だと言い、そのために「ファランステール」という巨大な建造物を構想した。「ファランステール」の建築プランは、中心部と左右両翼の3つのエリアからなっていて、個人の部屋、食事と集まりの部屋、図書館に加え、学校、舞踏場、作業場、遊び部屋を完備していた。フーリエのユートピアは、社会の調和を保証するためにぴったり1620人を集めるということだったが、それというのも、彼の考えでは、基本的な「情念」は12種類で、その結果として人間の性格は810種類にわけられるとされていたからである。こうして、ありうるすべての希望、要望、願望がしっかりと満たされる。フーリエが現代世界の元凶とみなす、政府、制限のない資本主義、非道な労働搾取から解放された社会が生まれる。フーリエの考えの多くは明快で、実現可能とも思えるが、なかには完全に現実

離れしたものもあった。たとえば彼は、自分が思い描くユートピア世界が8万年つづく（その間に6つの月が地球を周回するようになる）、ホメロスに匹敵する詩人が3700万人現れる、北極は地中海よりも温暖になる（いまとなっては想像のつかないことではないかもしれない）、海は脱塩してレモネードになる、すべての女性は4人の夫を持つ、と信じていた。

　いくつかの予言は行きすぎだったかもしれないが、それでもフーリエは強い支持を得た。1844年、フーリエの死の7年後、熱心な支持者のグループがオハイオ川沿いの土地を買い、彼の教えにもとづいた新しい理想主義のコミュニティをつくった。彼らはそこを「ユートピア（Utopia）」と呼んだ。新しい家族を引きつけたこのコミュニティでは、年間25ドルを払えば、木造の家と土地の分け前をもらえた。しかし、わずか2年後に崩壊してしまう。住人は8万年の「完全な調和」のはじまりが待ちきれずに幻滅し、人が減って、コミュニティは破綻したのだ。

　1847年、カリスマ的なスピリチュアリズムの指導者、ジョン・ワトルズが、その土地を買い、100人の支持者をユートピアに連れてきた。そこはスピリチュアリストの社会には完璧なロケーションだった――オハイオ川沿いに伸びた1400エーカーの土地で、現代社会に邪魔されることなく暮らすことができた。彼らは伝統的なキリスト教信仰に新しいスピリチュアリズムを融合させ、厳格な菜食主義と禁酒を実践した。ワトルズが信奉していたのは、権威ある催眠術師・磁気療法士・透視者のアンドリュー・ジャクソン・デイヴィスが構築した、「調和哲学」と

いう信念体系だった。1847年、デイヴィスは『自然の原理』を出版した。フーリエの社会主義の著作に大きな影響を受けていたデイヴィスは、きわめて知的かつ魅力的で高潔な人々が住む、遠い惑星のユートピア世界について書いた。デイヴィスは自身の考えとフーリエの転生の理論を混ぜ合わせ、別の惑星でより優れた存在として生まれ変わる可能性、そしてさらに興味深いことに、別の惑星として生まれ変わる可能性を主張した。

スピリチュアリストたちはユートピアに移住してまもなく、町役場の建物をオハイオ川の土手に寄せることにした。1847年12月13日、移設が終わってわずか数日後、大雨が鉄砲水を引き起こし、川に押し寄せた。これは19世紀最悪の洪水のひとつだった。不運にも、町の住民は役場でお祝いをしていて、そこを洪水が襲った。押し寄せる水が役場を破壊し、祝いの場をぶち壊し、全員を下流にさらっていった。生き残った人もいたが、ほとんどの人は溺死したか、冷たい水で低体温症になって死んだ。

「だれもが亡くなった人たちの高潔さについて口にしている」と、洪水の直後に地元紙は伝えた。「すべてのエネルギーを人類の幸福と進歩のために捧げていた」。ユートピアはオーウェル的なディストピアに堕ちることはなかったものの、コントロールできない出来事のため、その理想主義的な名前が約束するヴィジョンを実現することができなかった。

ユートピアという言葉は、「どこにもない場所」を意味するギリシア語（ou-topos）に由来する。ユートピアが実現しない理想に戻らざるをえなかったのは、もっともなことのように思える。

結局のところ、ユートピアは観念であり、存在しないことを約束する逆説が内在しているのだ。いや、しかし、たしかに存在するのかもしれない。現代のアメリカの社会的、経済的格差を見れば、だれかのユートピアは別のだれかのディストピアだとわかるだろう。

ユートピアへの行き方 ─────────────

羽田空港を発ち、乗り継ぎ便でポート・コロンバス国際空港に約17時間かけて移動。空港からレンタカーに乗って約3時間でユートピアへ。

オーストラリア　タスマニア州
残酷岬
Cape Grim

オーストラリア

残酷岬 ★

先住民 vs 入植者の凄惨な戦いの記憶を刻む岬は
アボリジナルの〈敗者の歴史〉を私たちに思い出させる

1828年2月10日。夏の朝、空気はさわやかで、海は穏やかだった。1キロ沖に、岩の島が2つ海から突き出ていて、その切り立った崖の頂上には緑が生い茂っていた。アボリジナルの女性たちが思いきって波のなかに入っていった。泡立つ海水に裸体を包まれながら、彼女たちは島まで泳いでいった。岸では、部族の残りの人々が薪を集めて焚火をしていて、細い煙が空に立ち昇っていた。数時間後、女性たちが波のなかから出てきた。島でつかまえた濡れたミズナギドリを手に持っていて、脚を草で縛られたその鳥は羽のブーケのようだった。ピーラッパーの70人ほどの人々が、獲物のごちそうを楽しむため、焚火のまわりに集まった。そのとき、雷のようなマスケット銃の砲火が澄んだ朝の空気を打ち破った。大混乱になった。人々はとにかく走ったが、どこに行けばいいのかだれもわからなかった。「海に駆け込む人々もいた」と、ジョージ・オーガスタス・ロビンソンは1830年に書いている。「崖のまわりで、怪物たちが破壊した残骸のなかを這いまわる人々もいた。岩の割れ目に避難しようとしたこの哀れな者たちを、彼らは恐ろしい断崖の縁に追いやり、皆殺しにして、死体を断崖から放り投げた」

そのわずか25年前の1803年、ジョン・ボーウェン大尉は、フ

DATA

場所：南緯40度38分／東経144度43分
日本からの所要時間：17時間　総費用：11万円

ィリップ・キング総督の指令を受け、オーストラリア大陸の南の未開の島に向かい、その東岸に拠点をつくった。この島は、数年前に最初に発見したオランダ人の名前をとって、ヴァン・ディーメンズ・ランドと名づけられていた。広大で、起伏が多い、厄介な地形のため、イングランドから罪人を乗せてくる船を送るのに最適な場所となっていた。問題の多い囚人は悪名高いポート・アーサー流刑植民地〔77ページ参照〕に追いやられたが、大半は入植者や会社のもとで働いたり、土木工事の仕事をしたりして刑期を勤め上げた。1826年には、ヴァン・ディーメンズ・ランド会社が島で設立され、北西部に25万エーカーもの土地を取得して、メリノ種とサクソン種の羊を飼育しはじめた。会社にとっても政府にとっても、その土地が未占有ではなかったこと、いくつかのアボリジナルの部族が生活していたことは、大した問題ではなかった。しかし、会社の船がやってきて、羊と労働のための囚人を運んでくるようになると、たんに土地を奪うだけでは満足できず、わずか1年のうちに、ヴァン・ディーメンズ・ランド会社は、地元のアボリジナルに残酷な仕打ちをしているという悪名をとどろかせるようになった。

　ピーラッパーへの襲撃──30人ものアボリジナル男性が惨殺された──は、ヴァン・ディーメンズ・ランド会社の4人の男によってなされた。のちに「残酷岬（Cape Grim）の虐殺」として知られることになるこの事件は、島じゅうで繰り広げられていた先住民と入植者の争いのなかで起きた暴力沙汰のひとつにすぎない。実際、入植者や囚人が増えるにつれ、血なまぐさい暴力事件も急増していた。性に飢えた囚人がアボリジナルの女性

や子どもを誘拐、レイプ、殺害した。それに対してアボリジナルの諸部族はゲリラ攻撃に出たが、入植者の残忍な報復を招くだけだった。

　ヴァン・ディーメンズ・ランドにかぎらず、オーストラリア全土で先住民の大量虐殺がなされていたが、人々は無関心だった。このことは、19世紀の科学的レイシズムの理論を見ることでいくらか説明がつく。チャールズ・ダーウィンは、1836年1月にオーストラリアへ行ったとき、アボリジナルの急速な減少の原因は「不可思議な力」だと無邪気に考え、『ビーグル号航海記』にこう書いている。「人間のさまざまな種族間で、異なる動物の種のあいだで起こるのと同じことが起きているようだ——強者がつねに弱者を根絶するのである」。動物と人間を関連づけた彼の嘆かわしい理論は、オーストラリアの先住民に対するイングランドの帝国主義的な征服を支える科学的根拠としてふさわしかった。「社会ダーウィン主義」という言葉も生み出され、原始的な人種は西洋の「文明化した」人々よりも下等だと言わんとしていた。土着の文化は進化論的に遅れている、人類の諸部族はすでに絶滅の運命にある、と信じられていた。イギリスは必然のことを早回しでやっているだけだ、と信じられていた。「黒人が開拓者から哀れみを受けるに値するか否かはいまだ結論が出ない」と、初期のオーストラリア連邦主義者であるハロルド・フィンチ＝ハットンは書いている。「だが、彼らは何も確かなことはないとわかっている。彼らは滅びる運命の人種であり、遠くないうちにこの土地から一掃されるだろう」。イギリスの作

家アントニー・トロロープは、オーストラリアのアボリジナル
は「野蛮さを払拭できず、知恵のあるサルが怠惰な白い肌の伊
達男の歩き方や素振りを真似している」ようだと考え、「根絶さ
れるのが彼らの運命であり、すでに消滅しはじめている」と断
言している。ヴィクトリア朝の帝国主義者の考えでは、これは
ダーウィンの進化論の「適者生存」を実証するものだった。「ヨ
ーロッパ人が歩いてきたどの場所でも」と、ダーウィン自身が
述べている。「死がアボリジナルを追いかけているようだ」

　ヴァン・ディーメンズ・ランドで双方の暴力がエスカレート
するなか、入植者で福音主義者のジョージ・オーガスタス・ロ
ビンソンが、入植者とアボリジナルの仲裁人に任命された。1824
年、ちょうど彼が島に到着しようというころ、ジョージ・アー
サー副総督が戒厳令を宣言し、アボリジナルを捕まえて殺した
者には報奨金（大人は5ポンド、子どもは2ポンド）を与えるこ
とにした。のちに「黒い戦い」として知られるようになるこの
争いで、入植者の犠牲者は200人未満だったが、島のアボリジ
ナル住民は全滅することになる。
　ロビンソンは、アボリジナルの苦闘に同情し、残酷岬での虐
殺について調査した。その結果わかったのは、これは数ヶ月前
にはじまり、エスカレートしていた、一連の復讐行為の最後の
事件だということだった。そしてその発端は、ヴァン・ディー
メンズ・ランド会社の男たちがアボリジナルの少女数人を自分
たちの小屋に誘い込もうとしたことだった。そのとき戦闘が起
こり、会社の労働者1人の脚に槍が刺さり、アボリジナルの男性

125

数人が死んだ。報復として、部族の人々は会社の羊の群れを寄せ集め、崖から突き落とした。そして、彼ら自身がこの崖から放り投げられることになったのである。

　ヴァン・ディーメンズ・ランドの総督はロビンソンに対し、島に残るアボリジナルを集め、バス海峡の小島フリンダーズ島への移住を迫るよう命じた。ロビンソンはすぐに応じた。そうしないかぎりアボリジナルの急速な撲滅は避けられそうになかったのだ。トルガナンナというアボリジナル女性とともに、ロビンソンは先住民のほぼ全員の説得に成功した。本土の状況が落ち着くまではフリンダーズ島で食事、住居、安全を保証すると告げ、1835年の終わりまでにヴァン・ディーメンズ・ランドのアボリジナルほぼ全員が無事に引っ越した。

　残ったアボリジナルを救おうというロビンソンの善意の取り組みは、しかし、彼らに対する死刑宣告となってしまった。フリンダーズ島に着くと、ロビンソンは彼らに「文明化とキリスト教化」のためのプログラムを受けるよう命じた。伝統的な慣習を禁じられた彼らは、服を着ることを強制され、ヨーロッパ式の名前を与えられた。男性は土地の開墾、羊の毛刈り、道路やフェンスの建設、女性は服の洗濯、縫い物教室への出席を強いられた。状況は急速に悪化し、フリンダーズ島は、ロビンソンが約束した聖域ではなく、捕虜収容所のようになった。ロビンソンはこの事業にすぐに見切りをつけ、島を去った。病気が広まり、先住民の多くが死んだ。1847年、残りわずか47人となったアボリジナルの人々は、今度はホバートの南のオイスター・コーヴに移動させられた。

　「未来のどこかで」と、ダーウィンは『人間の由来』に書いている。「何世紀というほど遠くないうちに、文明化した人種がほぼ間違いなく世界中で野蛮な人種を根絶し、それに取って代わることになるだろう」。ヨーロッパの入植者が1803年にやってくる前、ヴァン・ディーメンズ・ランドには推定7千人のアボリジナルがいて、彼らはその土地に4万年も住んでいた。わずか1世紀後の1905年、ただのひとりも残っていなかった。

　「歴史は勝者によって書かれる」という金言を残したのはヴァルター・ベンヤミンだ。実際、犠牲者ではなく、勝者こそが、歴史のストーリーをみずから書き、それがやがて時代のストーリーとなる。ヴァン・ディーメンズ・ランドの地図や文書を見ると、ピーラッパーの30人の死体が放り捨てられた崖は、勝利の丘（Victory Hill）と呼ばれている。崖の下の磯は自殺湾（Suicide Bay）だ。「文明の記録はすべて」と、ベンヤミンは書いている。「同時に野蛮の記録である」。1856年、ヴァン・ディーメンズ・ランドは、暗い過去とのつながりを絶とうと、タスマニアに改名された。

残酷岬への行き方

成田空港を出発し乗り継ぎ便でデボンポート空港まで約14時間かけて到着。空港からレンタカーを借りて約3時間かけて残酷岬周辺に到着。残酷岬には政府機関である「残酷岬大気基準観測所」が設置されており、その周辺は民間の牧場であるため個人が訪れることは難しい。ツアーが開催される場合のみ見学可能。

カナダ　オンタリオ州

虐殺島

Massacre Island

探検隊が見つけた、カナダとアメリカの国境に浮かぶ島
入植者とビーバーの浅からぬ因縁に思いを馳せて

カナダ

★
虐殺島

18世紀を象徴するものといえば、なんといっても黒いフェルトのトップハット（シルクハット）だ。16世紀の終わりごろにヨーロッパのサロンで最初に人気が出たこのファッショングッズは、それから200年にわたり、どこへ行っても男性の頭を飾っていた。ファッショナブルなワードローブの必需品だったというだけでなく、帽子を見ることで、その人の富や地位、社会的評価もわかった。

それは男性にとって重要なことをすべて映し出していた。収入や職業、そして支持する政党や信仰する宗教。頭にかぶろうが、脇に抱えようが、品位ある紳士にとっては持ち歩くのが必須となっていた。帽子のない男は、地位のない男だった。トップハット —— ハイハット、ストーヴパイプ、チムニーポット、トッパーとも呼ばれた —— には、ひとつだけではなく、いくつかのスタイルがあり、持ち主は自分が伝えたいイメージに合わせて型を選んだ。洗練されているが気取らない、標準的なリージェント。格調高いドルセー。オレンジの皮のようなつばを曲げたウェリントン。伊達男に好まれたパリ・ボーは、奇抜な円錐型で、白い羽飾りがひとつ付いていることが多かった。しかし、帽子のスタイルにかかわらず、色やかたち以上に素材が究

DATA　｜　場所：北緯49度16分／西経94度46分
　　　｜　日本からの所要時間：21時間　総費用：18万円

極的な価値を決めた。ヒツジ、ウサギ、キツネ、ミンク、カワウソ、そしてクマもフェルトづくりに適していたが、滑らかで耐久性があるカナダのビーバーの毛皮の優雅さに勝るものはなかった。シルクハットを1個つくるには、ビーバーの生皮が2キロも必要だった。柔らかい下毛を皮膚から剃り、さまざまな接着剤でくっつける。そうしてできた素材をもつれさせ、蒸気にあて、帽子型のブロックにかぶせてかたちを整える。一般的な接着剤だった水銀は、何も知らない帽子職人を毒すことが多く、「帽子屋みたいに気が狂っている〔すっかり気が狂っているという意〕」という慣用句を生み出した。

　この風変わりで驚くほど実用的でない紳士用かぶり物がヨーロッパで大人気になったことで、北米のビーバーの生皮が求められるようになった。何世代にもわたってビーバーの狩猟をしていた北部の先住民族は、新たな交換経済を利用するようになった――フランス人の入植者やヨーロッパの貿易業者に毛皮を供給し、金ではなく、品物を受け取った。毛皮貿易はすぐにヨーロッパ人の探検の原動力となり、彼らは大陸北部に広がる原野へ進んでいった。しかし、陸路の旅はやはり時間がかかり、危険に満ちていたため、やがて航路を探すようになった。北米大陸の西部に巨大な内海があるという証拠のない噂が、フランスの植民地と交易所に広まっていた。ハドソン湾やメキシコ湾ほどの大きさだといわれ、太平洋から東に流れ込み、大陸の奥深くまで広がっていると、多くの人が信じていた。この想像上の内海は、フランス人によって西海（Mer de l'Ouest）と名づけられ

た。仮定の西海が地図に現れはじめてまもなく、フランス人探検家・毛皮貿易業者のピエール・ゴルティエ・ドゥ・ヴァレンヌ・シュ・ドゥ・ラ・ヴェランドリが、その存在を証明しようと乗り出した。毛皮貿易で資金を得たラ・ヴェランドリは（3人の十代の息子、ジャン＝バティスト、ピエール、フランソワとともに）、50人の探検隊を引き連れ、1731年8月26日にモントリオールを出発した。

　彼らは深く険しい土地を馬に乗って西へ突き進み、その途中に毛皮貿易の新しい拠点をつくっていった。翌年、大陸の半分にまでしか達していなかったが、探検隊はウッズ湖に交易所を建て、サン・シャルル交易所と名づけた。この時代、ウッズ湖は先住民族の激しい紛争の中心地で、クリー、ティートン＝ラコタ、スー、ダコタ、オジブワの人々が、お互いに、またヨーロッパの商人と同盟を結び、戦争、平和、貿易が絡み合った不安定な状況を生み出していた。

　数年が経ち、ラ・ヴェランドリは、みずからは探検隊と西進をつづける一方で、息子のジャン＝バティストをサン・シャルル交易所に残し、新しい拠点の管理を任せることにした。1736年6月5日の朝、ジャン＝バティストと20人のフランス人は、3隻の大きな木船に乗ってサン・シャルル交易所を発ち、必要物資を買うために、カミニスティックイアとミシリマキノーへ向かった。しかし、翌日の終わりの時点で、なぜか到着できていなかった。その次の日、旅人の一団がサン・シャルル交易所にカヌーでやってきたが、不吉なことに、それらしき人たちは見なかったという。捜索がはじまり、翌日、ジャン＝バティスト

たちは見つかった。湖の東の小さ
な島に着いた捜索隊は、カヌーを
止めて森のなかを歩いていくと、
島の真ん中の少し開けた場所で、
21人の男を見つけるとともに、恐ろしい光景を目にした。

彼らは「横たわり、円を描くように並べられていた」と、捜索隊のひとりはのちに語っている。そばに置かれた切断された頭部は、ビーバーの皮で丁寧に包まれ、気味の悪い贈り物のようになっていた。ジャン＝バティストは「手足を広げて地に伏し、背中は刃物でめった切りにされていた。腰には大きな穴があり、頭部のない胴体はヤマアラシの針のガーターとブレスレットで飾られていた」。殺人犯は見つからず、フランス人の毛皮商人は、この陰惨な光景とバラバラ死体の謎めいた装飾物から何を読み取るべきか、頭を悩ませた。

何より、頭部をビーバーの毛で包むという行為が、フランス人を動揺させた。これは、強欲にビーバーの毛皮を求め、種を急速な絶滅に追いやろうとしているヨーロッパ人に対する怒りの象徴だったのかもしれない。あるいは、この行為の不条理さは、ビーバーの毛皮がたどる運命 —— 象徴的な装飾品として、力と地位と富を得ることしか考えていないヨーロッパの男性の頭を飾ることになる運命 —— の不条理さを映し出していたのかもしれない。

虐殺島への行き方

成田空港から乗り継ぎ便でウィニペグ空港へ約18時間かけて移動。空港からレンタカーに乗り約4時間でウッズ湖湖畔へ。虐殺島への観光船などは出ておらず、自身で船をチャーターするか、ウッズ湖のアクティビティを探そう。

ドイツ　ザクセン＝アンハルト州

悲惨
Misery (Elend)

悲惨
★
ドイツ

ゲーテが神と自然の調和を見出した、パッと見は牧歌的な村
クレイジーな花崗岩崇拝者たちの足跡を追うのも一興だ

悲惨（Misery/Elend）はドイツの心臓部にある。この牧歌的な村は、森と花崗岩山地の暗い風景にひっそりと包まれている。その周辺地域は、神話と伝説に満ちあふれており、19世紀前半にグリム兄弟はそれらの多くを「もっとも古い時代の信仰のかけら」として収集した。

　そして悲惨は、ブロッケン山 ── 「壊れた山」という意味で、ハルツ山地の最高峰 ── のふもとに位置している。ハイカーや登山者のあいだで昔からよく言われていることとして、霧のなかでぼんやりとした巨大なもの、光の輪に囲まれた幽霊のようなものに追いかけられたという話があるが、このいわゆるブロッケン現象を初めて報告したのは、自然科学者のヨハン・シルベルスラグで、1780年のことだった。実際のところ、この幽霊は、ハイカー自身の影が山の光の不気味な作用で雲に投影されているだけだ。ブロッケン山は、しかし、ふつうの山ではない。民間伝承と神話が染み込んだこの山は、17世紀以来、魔女と悪魔の儀式が行われる場所だと噂されており、ドイツの偉大な芸術、文学作品でも重要な役割を果たしている。毎年4月30日夜の「ヴァルプルギスの夜」には、世界中の魔女が山頂に集まり、ゲーテのファウストを破滅に導いた饗宴を催すといわれている。

DATA

場所：北緯 51 度 44 分／東経 10 度 41 分
日本からの所要時間：15 時間 30 分　総費用：13 万円

　ゲーテは1784年の夏に悲惨に住み、ハルツ山地、特にブロッケン山を探検した。穏やかな村にのしかかるこの山でゲーテがとりわけ魅了されたのは、奇妙な花崗岩の柱や露頭で、それらの存在のためにこの山はオカルト的な場所として知られていた──「悪魔の壁」や「悪魔の説教壇」、「魔女の祭壇」というようなランドマークもある。すでに古代の悪魔儀式の場として確立されていたこの場所を、ゲーテは神と自然がひとつになった汎神論的なロマン主義のイメージに変え、「魔女の祭壇」をファウストが壮大な「ヴァルプルギスの夜」を目撃する名高い舞台にした。ゲーテの花崗岩への強い興味は、執着というほどではなかったものの、「花崗岩について」というエッセイを悲惨のコテージで書くにいたった。地質学的探究と自然についての叙情的な思索が混ざったこのエッセイでは、正確さはさておき、花崗岩はまさに原始の岩、すべてのものの基礎──時間そのもののはじまりにまで滞りなく流れていく血管──であるとされている。ゲーテにとって、それは失われた原始の世界の何よりの象徴となった。「高いむき出しの山頂に座り」と、ゲーテは書いている。「広大な地域を見下ろすと、自分にこう言うことができる。おまえは地球の心臓につながる基礎のまさに頂上にいる……でたらめに積み重なったいかなる残骸も、原始の世界の堅い地表とおまえを隔てはしない」

　その後、ゲーテの自然と人間に関する哲学は、新たなイメージと意味を与えられて利用されるようになる。最初はドイツロマン主義者によって、そして20世紀半ばになると国家社会主義

133

者によって。後者は、剽窃したレトリックで、国家の変革を約
束した —— 屈辱を受けた失意の人々とその祖国をひとつにする
と。彼らは新たな文化的景観について説いたが、それは神話的
な美化された過去に立ち戻るもの、人種科学と伝統的な純度
—— 石ではなく、血の純度 —— を重視するフェルキッシュ〔ド
イツ語で「民族的」などの意味を持つ語で、人種主義や国家主義と結びつく〕のイ
デオロギーにもとづくものだった。ブロッケン山から果てしな
い景色を見たゲーテも、地平線の少し先の暗い未来を予見する
ことはできなかった。でたらめに積み上がった残骸が、彼の高
潔な世界と差し迫った破壊を隔ててしまったのである。

　花崗岩にも新たな崇拝者が現れた。ナチスの建築家アルベル
ト・シュペーアは、この石をたまらなく魅力的だと思ったが、そ
れは第三帝国によるドイツロマン主義のヴィジョンの採用、利
用を象徴する建築素材としてだった。シュペーアにとって、花
崗岩は力の具現だった —— 伝統と純度を持つものとして。彼も
ヒトラーも、花崗岩、ゲーテの原始の石が、第三帝国のロマン
主義の建築的驚異として千年つづくことを望んだ。ドイツロマ
ン主義はナチズムの教義の寄生先として完璧だった —— その関
心の対象は、内なる闇、芝居がかった死、そして興味深いこと
に、有機的な廃墟だった。「廃墟価値の理論」はシュペーアが提
唱したアイデアで、未来の建物やモニュメントは腐敗が避けら
れないことを受け入れたうえで設計、建設されるべきだとして
いた。優雅に崩れ落ち、美しい廃墟になることで、千年後にも
「第三帝国の雄大なインスピレーションを伝える」ことができる。
シュペーアは、花崗岩のような自然の素材はコンクリートより

ザクセン＝アンハルト州

悲惨

も優れていると強調し、大理石の
ように、この上なく美的な廃墟を
生むとのだと言った。「エジプトや
ローマの年を重ねた石の建築物
は」と、シュペーアは述べている。「いまも過去の偉大な国の力
強い建築的証拠として立っている」

しかし、空爆によって、第三帝国の都市は、シュペーアが思
い描いたロマン主義の美しい廃墟ではなく、虐殺と破壊の荒れ
果てた風景と化した。東ドイツでは独裁政権が別の独裁政権に
取って代わられ、ゲーテの愛した町、悲惨は、わずか数キロメ
ートルのところで、国境の間違った側に入ることになった。新
しい共産主義の指導者たちは、花崗岩のロマンにはあまり魅了
されず、プレキャストコンクリートの実用性に惹かれた。彼ら
はそれを使って東ドイツの荒れ果てた廃墟を復興し、壁を建設
したが、この陰鬱な仕切りはその後30年にわたって国を断固と
して二分した。一方、花崗岩の使い道もひとつ見つかった。グ
レンツシュタインという四角いブロックとして、国境の西側沿
いの地面に立てられたのである。片面に不吉な黒い文字で
「DDR〔ドイツ民主共和国（東ドイツ）のこと〕」と記されたそれらの石
は、国に押し迫っていた死を予言する墓石のようだった。

悲惨はさらに不名誉なことに、悪名高い残酷な東ドイツ秘密
警察——シュタージ——の公式の保養地となり、地元の人たち
を動揺させた。1972年、ひとりの男性が町の外れの林のなかに
走っていった。少しして、機関銃の激しい銃撃が夜の空気を切

り裂いた。東ドイツの兵士たちは、灰色のコンクリートの壁の
そばで男性の死体を見つけた。西側の青い芝に逃げようとして
いたようだった。彼の不毛な死は、東側から逃げようとして殺
されたほかの125人の死とともに、この時代の悲惨さを体現し
ていた。その後、1989年に再統一がなされると、悲惨はほどな
く人気を回復し、かつての国境の両側から人が集まるようにな
った。今日では、夏になると、以前のようにハイカーがゲーテ
の原始の世界を歩きまわっている。傷が残り、風景は変化して
いるが、神話や伝説は、花崗岩と同じように、いまも時間その
もののはじまりにまでつながっている。

悲惨への行き方

成田空港からフランクフルト空港に約12時間かけて到着。空港からレンタカーで約3時間30
分で悲惨へ。

エッセイⅢ

名もなき者の記憶

「過ぎ去ったということ、もうない
ということが、物事のなかで情熱的
に働いている」

ヴァルター・ベンヤミン『パサージュ論』

「今日はロサンゼルスを通過
し、南西に歩を進めた」
と、アルベルト・シュペーアは
1965年9月5日の日記に書いた。
「容赦のない日差しがほこりっぽい
道に降り注ぐ。靴底が熱い地面で
焼けた。何ヶ月も雨が降っていな
いのだ」

　数年前、わたしはアルベルト・
シュペーアの日記をもらった。
1975年に出版されたそれは、刑
務所から彼自身がこっそり持ち出
した、トイレットペーパーやタバ
コの巻紙に20年にわたって書き
連ねてきたものの集成である。悪
名高いナチスの建築家であるシュ
ペーアは、ニュルンベルク裁判で
絞首刑をかろうじて免れ、晩年の
大半をベルリンのシュパンダウ刑
務所で過ごした。

　1965年9月初めのその日、シ
ュペーアはロサンゼルスを通過し
ていたのではなく、20年間を過ご
してきた刑務所にいた。自由な時
間があり余るなか、彼は刑務所の
庭を長い時間歩きまわって思索に
ふけるようになっていた。庭 ——
彼自身が作庭した —— はだだっ広
く凝ったつくりで、果樹のあいだ
に曲がりくねった小道が敷かれ、
観賞用のロックガーデンとフラワ
ーアレンジメントがあった。彼は
何周したかを正確に記録するため、
エンドウマメを片方のポケットか
らもう片方に移すということをし、
歩いたキロ数を計算していた。

　ある日、ふとした思いつきで、刑
務所からハイデルベルクの幼少期
に住んでいた家まで、想像上の旅
ができるのではないかと考えた。
距離にして626キロ。彼は毎晩の
歩行のあとに、庭のまわりを旅し
た距離を刑務所の図書館か

ら借りたドイツ地図に記すように
なった。1955年3月19日、数週
間歩いた末、ついにハイデルベル
クに到着した。そこでシュペーア
に新たなアイデアが浮かんだ。彼
は友人たちに手紙を書き、中東、
アジア、北米の地図と旅行ガイド
を頼んだ。世界旅行に向けて準備
するバックパッカーのように、地
図帳、世界地図、歴史の本、旅行
記に熱中した。その後の11年間、
シュペーアはベルリンを出て、ヨ
ーロッパ、南アジア、中国を歩き、
ベーリング海峡を渡って、カナダ
からアメリカ西海岸に沿ってメキ
シコへ行った。庭を一周するたび
に、現実離れした恍惚状態となり、
心が体を離れ、自由に地球上をさ
まようことができた。

逍遥する囚人は、訪れた場所の
詳細を日記にしっかり記録した。
「1959年7月13日：今日、北京
に着いた。宮殿に行くと、外の大
きな広場で何らかのデモが行われ
ていた」。「1963年2月24日：ベ
ーリング海峡のすぐ近くで、やは
りごつごつした、丘の多い土地、果
てしなく広がる木のない岩の風景」
シュペーアが旅した世界

は、何もない土地ではなく、独自
の地誌的な物語に生命を吹き込ま
れた場所だった。「物語はコンパス
であり建築物だ」とレベッカ・ソ
ルニットは言っている。「わたした
ちはそれを頼りに進み、それを用
いて聖域や牢屋をつくるのであり、
物語がないということは、北極の
ツンドラや海氷のように全方向に
広がる広大な世界のなかで迷子に
なるということだ」

現実の旅の実際的な面や不満
——わずらわしい荷物、パスポー
トの紛失、飛行機の待ち時間、道
に迷う、疲れる、日焼けするなど
——に苛まれることなく、シュペ
ーアはまさに意のままに世界を経
験することができた。雨が降って
ほしいと思えば雨が降った。山が
険しいのは、彼がそう望んだから
だった。都合のいいときに道に迷
った。シュペーアはアームチェ
ア・トラベル〔旅の本などを見て、出か
けることなく旅の気分を味わうこと〕をま
ったく新しい段階に引き上げた。
孤独な巡礼者のように、みずから
の想像上の果てしない世界を旅し、
刑務所の壁という物理的な境界だ
けでなく、この世の時間と空間の

境界も越えた。刑務所での最後の夜に、彼は友人にこんな電報を送った。「メキシコのグアダラハラの35キロ南に迎えにきてほしい」

自由の身となって刑務所を出る1966年10月1日午前0時までに、シュペーアは世界中で3万1816キロを歩いていた。皮肉なことに、出所後の彼はいっさい旅をしなかった。それどころか、厭世的な旅人（ヴェルトシュメルツ）はハイデルベルクの邸宅をほとんど出なかった。しかし、最後に一度だけ旅に出た。1981年9月1日、BBCからインタヴューを受けるためにイギリスへ飛んだのである。ロンドンに到着すると、彼はホテルにチェックインし、床に倒れ、死んだ。

＊

巨大なセメントの円柱はやはり不気味で、どことなく宇宙的に見えた。わたしはシュペーアの日記をバッグに入れていたが、取り出しはしなかった。だれかがそれを見て、わたしをそういう人だと思うかもしれないからだ。ナチス建築への興味が健全な歴史的興味を超えて、怪しげな熱狂にまで達しているような人だと。緑色のふっ

くらしたコートを着た、硬いドイツ訛りがある中年女性のガイドが、建造物の名前を外国人観光客に繰り返し伝えていたが、わたしもそのなかのひとりだった。「Schwer belastungskörper（シュヴェア ベラストゥングスケルパー）」と彼女は言い、ゆっくり何度か繰り返したが、だれもその発音をまともに再現することはできなかった。

「ドイツ語で『重い、負荷になる物体』という意味です」。彼女は補足するように、ドイツ人はいくつもの言葉をくっつけて、長く発音しにくいひとつの単語にするのが好きなのだと説明した。わたしはグループを離れ、構造物の写真を撮ろうとしたが、なかなかフレームに収まってくれなかった。

「ベルリンは柔らかく湿った土地の上に建設されたので、地盤がどこまで重さに耐えられるかを知ることが重要でした」とガイドはつづけた。「ヒトラーとアルベルト・シュペーアが計画した新しい世界首都ゲルマニアには、多くの重い建築材料が欠かせませんでした。そこで、1941年に、シュペーアは地盤の強さを測る実験としてこの建造物を設計したのです。

高さは18メートル、重さは約1万2650トンです。この大きさと密度のため、安全に破壊することができません」。この最後の説明を受けて、アマチュアの破壊マニアからいくつか独創的な提案が出た。

シュヴェアベラストゥングスケルパーは、いかに忌まわしく、見栄えが悪くとも、そこに存在しつづけていた。この破壊できない物体は、人間後(ポストヒューマン)の都市に最後まで残る廃墟となるかもしれない。「未来とは廃物の裏返しにすぎない」と言ったナボコフのことを思いながら、わたしは遠い未来の考古学者に降りかかるはずの混乱を想像した。彼らは、われわれにとってのストーンヘンジのように、この建造物について際限なく考え込むだろう。白いオーバーオール姿で、小さなブラシを手に、得体の知れない人工物の表面をこすって時間の層を払い落とし、忘れられた役割の手がかりを探そうとする。しかし見つかるのは、カラフルなスプレーのペイントの跡だけで、その理解不能な象形文字は21世紀初頭に描かれたものなのだ。

未来のことはおいておこう。この物体はいまのところ、公式のランドマークであると同時に、失敗に終わった世界首都ゲルマニア計画の非公式の記念物でもあり、消すことのできない傷跡として、みずからの歴史の重さの下敷きになった都市に残りつづけている。

冬が迫ったベルリンの薄暗い空は固い灰色の塊で、巨大なコンクリートの建造物はその塊からつくられたように思えた。もう何枚か写真を撮って、わたしはヴィルマースドルフ地区に向かって西へ歩き出した。そして紙切れを取り出した。ヴァルター・ベンヤミンのベルリンでの最後の住所をメモしていたものだ。ベンヤミンの業績が現代の社会と文化に与えた影響はいくら語っても足りないだろう。消費主義について書いていようがフランス文学について書いていようが、ハシシであろうがマルクス主義であろうが、写真であろうがパリのショッピングアーケードであろうが、歴史哲学であろうが幼少期のベルリンの記憶であろうが、ベンヤミンの主張や考察は光り輝く啓示のようで、現代世界のほぼすべてに浸透している。

3人きょうだいの長男だったベンヤミンは、1892年に生まれ、ベルリン西部の郊外、シャルロッテンブルクの裕福なユダヤ人家庭で育った。父親は骨董品とアートの競売人で、母親はベルリンじゅうにスケートリンクを所有していた。1902年、10歳のベンヤミンはシャルロッテンブルクのカイザー・フリードリヒ学校に入学した。虚弱で病気がちな子どもだったため、1905年にテューリンゲンの片田舎にある寄宿学校に送られたが、2年後の1907年にベルリンに戻った。この旅は、ベンヤミンにとって、絶え間なく大陸をさまよいつづける人生の第一歩となった。1940年に亡くなった時点で、彼は28もの住所を持っていた。

　わたしは人のいないエーベルス通りの舗道を歩き、ドミニクス通りの迫りくる車のあいだを駆け抜け、フリッツ・エルザス通りを進んでルドルフ・ヴィルデ公園に到着した。前にこの公園を歩いたのはベルリンの暑い夏の盛りだったが、今回はあたり一面凍っていて、侘しく腐敗が進み、茶色と灰色のグラデーションの風景が広がって

いた。公園の一角、水の出ていない噴水の真ん中の高いセメントの円柱に、金の鹿が立っていて、その堂々とした姿勢と輝きは、秋の風景が有機的に朽ちていくのをあざ笑うかのようだった。毛皮のコートにくるまり、うるさく吠える犬を連れた年配の女性の集団が、冷たい空気のなかに白い雲を吹き出していて、年代物の蒸気機関の集まりのようだった。わたしは公園を出て、ヴァーグホイゼラー通りを西に進み、左に曲がってプリンツレーゲンテン通りに出ると、66番の建物はすぐに見つかった。

　「著者を追いかけなければならない」と、ベンヤミンはフランツ・ヘッセルの著書『ベルリン散歩（*On Foot in Berlin*）』（1929年）の批評記事に書いている。「ベルリンの『古き西部』まで。彼の一面……彼がいかに古い居住文化の最後のモニュメントを称えているかを知るために」。この地区にはかつて、ベルリンでとりわけ有力なユダヤ人家族が数世帯住んでいた。アパートは薄い黄色、船酔いの色で、むき出しの角ばったかたちをしていて、実用一点張りで飾り気がなか

った。ベンヤミンの部屋は5階に
あった。日の当たる書斎は眺めが
よく、2千冊もの蔵書をつつまし
く並べられるスペースがあった。
廊下を少し行ったところには、い
とこのエゴン・ヴィシングとその
妻のゲルトが住んでいて、よく集
まってハシシを吸っていた。彼は
ここに1933年まで住んでいた。
ヒトラーがドイツの首相になった
年だ。それ以降、ドイツのユダヤ
人の暮らしは徐々に厳しくなって
いった。執筆で生計を立てられな
くなり、K・A・スタンプフリンガ
ーやデトレフ・ホルツといったペ
ンネームで書くのも無駄だとわか
った彼は、アパートの部屋を又貸
しし、スペインへ発った。当時の
彼には知る由もなかったが、それ
から二度とベルリンを見ることは
なかった。

　わたしは頑丈な金属の柵をまた
ぎ、建物の外を歩いてまわった。
小さな長方形のプレートが壁にあ
り、こう書かれていた。「ベルリン
記念銘板。1930年から1933年
に移住するまで、かつてここにあ
った家に、文芸批評家・エッセイ
スト・哲学者のヴァルタ

ー・ベンヤミンが住んでいた」

　わたしは「かつてここにあった
家」という言葉に面食らった。こ
の建物ではないのか？　大した問
題ではないのかもしれないが、や
はり問題だった。住所が同じだけ
ではだめなのだ。建物が同じであ
ってほしかった。同じ建材、同じ
門、同じ窓と階段。どんな違いが
あるのかと思われるかもしれない
が、やはり違うのだ。わたしの失
望はそこに、そのどうにも否定し
ようのない事実にあった。仕方な
く外の人のいない通りに戻り、ベ
ンヤミンが住んでいなかった建物
の写真をしぶしぶ撮った。3階の
窓から、しわの寄った青白い顔が
花柄のカーテン越しににらみをき
かせていた。こけた、迫力のある
顔で、黒い、深くくぼんだ目をし
ていた。物事を見てきた目だと、
わたしは思った。次々にやってき
ては、何も残さず帰っていき、地
域経済にまったく貢献しないベン
ヤミン巡礼者に苛立っているのは
明らかで、がっかりした表情、軽
い訝（いぶか）りと困惑が混ざった表情をし
ていた。つまるところ、わたしが
フランスのルルドで手足が不自由

142

な巡礼者に見せたのと同じ表情だったのではないか ──「ただの水だってわかってるんでしょ?」という表情だ。とはいえ、否定できないのは、古くから変わらない人間の願望だ。人は、宗教的、精神的、そのほか何らかの想像上の重要性を持つ場所に行き、泉の水を飲み、壁にキスし、土に触り、銘板を読み、写真を撮りたいものなのである。

*

わたしは地下鉄(リバーン)の入口を見つけ、階段を駆け下りて薄暗い穴に入っていき、ちょうどドアが閉まろうとしていた電車に飛び乗った。となりの席に、畳まれた新聞があった。幻想的な青い海の写真が一面に広がっていた。少し近づいて見てみると、その海は人の体でいっぱいだった。何人かは蛍光色のライフジャケットを着て、ひっくり返った小型船のまわりに浮かび、漂っていた。

ヴィルマスドルファー通りで降り、数分歩いて大きなオープンプランの広場に行った。長方形の広場で、両サイドに新しく建てられたまったく同じダークグレーの建物があり、セメントのコロネードで支えられていた。グレーのタイルの広場の突き当たりでは、冷たい水が地面の穴から物憂げな午後の空気のなかに噴き出していた。ほとんど人はおらず、ひとりで端から端まで歩いているビジネスパーソンがわずかにいるだけだった。ここはヴァルター・ベンヤミン広場である。わたしは端から端までぶらぶらと歩き、また戻った。否定しようがないのは、この広場 ── ベンヤミン広場 ── は驚くほど退屈で生気のない場所だということだった。建築家は完全なシンメトリーにデザインしていたが、その効果は調和のとれた洗練ではなく、人の体を不調に陥らせる秩序と周波数の乱れだった。実際のところ、ヴァルター・ベンヤミン広場に、ヴァルター・ベンヤミンという人物とのつながりを感じさせるものは何もなかった。わたしは場所の名前のいい加減さについて思った。場所と名前のつながりは、よく考えられていなかったり、そもそも無関係だったりということがあまりにも多い。わたしは広場のすぐそばにカフェを見

つけ、席に着き、精一杯のドイツ語でサンドウィッチとコーヒーを注文した。

この場所のわずか数キロ西で、1933年、ベンヤミンがベルリンを離れた年、ライヒスカンツラー広場がアドルフ・ヒトラー広場に改名された。ポーランドのグディニャでは、スヴィトヤンスカ通りがアドルフ・ヒトラー通りになった。イタリアのローマでは、パルティジャーニ大通りがアドルフ・ヒトラー大通りになった。オランダからロシアまで、ヨーロッパじゅうで、通り、公園、広場、橋、競技場が、総統にちなんだ名前に変えられた。それらはもはや中立的な公共の場所ではなく、政治色の強い空間だった。しかし、1945年の終戦時には、ヒトラーにちなんだ名前の場所は当然ながら時代遅れになった。それらは、死、破壊、不名誉を思い出させるばかりだった。そこで、元の名前に戻ったり、新しい名前がつけられたりした。東ドイツでは、ソヴィエトがすぐさま地名の政治的、イデオロギー的、教育的可能性を利用した。通りには、カール・マ

ルクス大通り、スターリン大通り、レーニン大通り、エルンスト・テールマン通り、ローザ・ルクセンブルク通りというような名前がつけられた。わたしたちは地名を、世界の道標（みちしるべ）として、場所を特定するしるしとして使っているが、意図せぬ影響もある――その空間における経験をラミネートすると同時に、増幅させるのである。

この命名と改名のプロセスは、歴史の流動性を際立たせている。歴史は定まったものではなく、上書きされるものであり、現在と未来の揺れ動く視点から、過去の消去と書き直しが絶え間なく行われているということだ。歴史は石ではなく砂でできた不安定な風景で、未来という上げ潮が過去を書き直すまでの短いあいだしか存在しないのだ。

1990年代以後、統一されたドイツで起こった改名の多くは、政治的ではなく、記念的な役割を持っていた。通りや場所はしばしば、ナチスの手で殺された人々やユダヤ人コミュニティにちなんで改名された。その結果、ベルリンの通りの名前の多くはいまではゴース

トストーリーのように読め、それは名もなき者の記憶を思い起こさせる。現在を生きる人たちに、いまも人々を悩ます不在を、過去からそれとなく思い出させるのだ。ベンヤミンに言わせれば、わたしたちは名前を介して、ある場所の一般に認められた歴史を変えうる、都市のなかに隠れた別の都市を顕在化させうる文脈を見つけるのである。通りの名前を介して、とベンヤミンは書いている。「都市は言語宇宙の表象となる」

わたしはその日の午後遅く、ノイケルンのバーで友人と会う約束をしていたため、何時間か歩いてそこに向かうことにした。しかしほどなく、シェーネベルクの住宅街で完全に方向がわからなくなった。わたしにとって何よりベルリンを定義するのは、都市にはめったにない森のような静けさ、山のような広大さかもしれない。真っ昼間でさえ、ベルリンの通りではひとりぼっちになることがある。だが、これは別に驚くことではない。いまのベルリンの人口は1925年より少ないのだ。

人のいない道の真ん中をのんびりと歩き、沈黙に親しみながら、わたしは古代の峡谷のような壁を形成している両側の建物をじっと見上げた。

「都市で道がわからないというのは大した問題ではない」と、ベンヤミンは回想録『1900年頃のベルリンの幼年時代』に書いている。「しかし、森で道に迷うように都市で道に迷うには、いくらかの習練が必要だ。通りの名前は、都市をさまよう者に、枯れ枝がポキッと折れる音のように話しかけてこなければならないし、都市の中心部の細い通りは、山の谷のように一日の時の移ろいをはっきりと映し出してくれなければならない」

雨が降りはじめた。固い弾丸のような滴で、氷も混ざっていたかもしれない。雨宿りできる場所を探していると、通りの向こうの小さなコンビニエンスストアの蛍光灯が目に入った。小走りで向かい、明るい照明の店内に入った。店はからっぽに等しく、ひとつの陳列棚に缶詰が並べられているだけで、それは食べ物というより博物館にある遺物のように見えた。干しバナナとアンズが入ったバケ

ツもいくつか床にあったが、やはり現代の人々の記憶を超えた歴史的な物品のようだった。店の片隅で、アラブ人男性の集団が、壁に取りつけられた小さなプラスティックのテレビのまわりに立っていた。わたしは機能していない冷蔵庫からぬるいコークの缶を取り出し、ガラスのカウンターにどんと置いた。彼らは無音のニュースを見ており、それは難民キャンプの火災について報じているようだった。悲嘆に暮れた男たちが次々とカメラの前を通っていく。何人かは高そうな黒いスーツケースを引っ張っていて、空港の搭乗ゲートに向かっているかのようだ。遠くでは、仮設テントが勢いよく燃えている。一瞬、テレビの画面が不鮮明になると、男のひとりが平手で何度か叩き、強引に映像を戻した。カメラはいま、空に向かっていく一条の煙にズームインしていた。揺れ動く漆黒と灰色の物影が青く透き通った成層圏にゆっくりと向かい、物質という束縛から逃げ出そうとしていた。わたしはガラスのカウンターに小銭をぴったり置き、店を出た。外は雨がやみ、通りは艶出しされたばかりのようにきらめいていた。

＊

ベルリンに帰れなかったベンヤミンは、ふたたびパリに戻り、ドンバール通り10番地の小さな部屋を借りた。給付金に支えられながら、ボードレール論の仕事を再開し、自身の最高傑作を目指すプロジェクト──『パサージュ論』──に取りかかった。名前が示しているように、主題は19世紀パリのガラス屋根のショッピングアーケード（パサージュ）であり、覚え書きや引用の断片のモンタージュという形式をとり、「無為」「鏡」「未来の夢」「写真」「蒐集家」「広告」「売春」といった36のカテゴリに整理している。

1940年のことだ。ドイツの東方侵略が、ヨーロッパのほかの地域に不吉な影を落としていた。ベンヤミンはパリのアパートである程度安心して暮らしていたが、7年に及ぶ亡命生活の過労と困窮で大きなダメージを受けていた。鬱状態になり、親友すらも避け、めったにアパートを出なかった。ボードレールの研究と『パサージュ

論』に必死に取り組みつづけていた。ほとんど望みはなかったものの、フランスの市民権を得ようと、「慎重に、しかし幻想を抱くことなく」準備していた。彼を悲しませていたのは、ドイツのユダヤ人の状況、自分が仕事を見つけられないこと、妹の病気の見通し、そして、ベルリンのアパートに残してきた作品と所有物がいまではおそらくゲシュタポの手ににぎられていることだった。「気づいたのだが」と、彼は書いている。「空気はこれ以上息をするのに適していない――当然ながらすべての意味を失った状況で、わたしは窒息死しそうだ」。ベンヤミンは徐々に自暴自棄になり、友人に手紙を書いて金やタバコを無心した。これまで以上にアメリカ行きを模索するようになった。チケットを買う金を得るために、もっとも大切にしていたもの――パウル・クレーの絵『新しい天使』――を売ろうとしたが、買い手は見つからなかった。

1940年5月初め、ドイツ軍がベルギーとオランダに侵攻した。それから、ベンヤミンを震え上がらせたことに、5月10日にフランスの国境を突破し、パリに向かって押し寄せてきた。200万人以上の難民が、迫りくるナチスの軍隊を前に、ぞろぞろと移動をはじめた。パニックになったベンヤミンは荷物をまとめ、何より大切な作品とともに、いくつかの服、少しの洗面用具、ガスマスク、1冊の本をスーツケースに詰めた。妹のドーラと一緒に、パリを出る最終列車のひとつに飛び乗り、スペインとの国境に近いピレネー山脈の麓の小さな町、ルルドに向かった。ちょうどその次の日、ドイツ軍がパリに入った。兵士たちはベンヤミンのアパートに行き、ドアを叩き壊したが、部屋はからっぽだった。

*

わたしは結局Uバーンの駅を見つけ――ベルリンではどこにいても遠くないところに駅があるようだ――ラートハウス・ノイケルン駅で降りた。階段を上ってカール・マルクス通りに出ると、強烈な喧噪に迎えられ、びくっとした。友人がメールで送ってくれた経路に従って、ショッピングモールのなかに入り、エレベーターで屋上へ上った。バーはショッピ

ングセンターの上にあり、素晴らしい街の景色を見下ろせた。わたしはビールを買って外に戻り、涼しい午後の空気を浴びた。太陽が地平線上にたたずみ、街のあちこちを金色の光の柱で照らしていた。

ベンヤミンとドーラがルルドに着いた直後、フランス当局はスペインとの国境を閉鎖し、外国人が許可なく通行するのを禁じた。

「この危機的状況に目をつぶることはできない」とベンヤミンは書いた。「助かる人はごくわずかなのではないかと恐れている」。ルルドで2ヶ月以上にわたって苦しみながら待ったのち、ベンヤミンはアメリカのビザを手に入れられたこと、マルセイユの領事館に行く必要があることを知った。8月初め、ベンヤミンとドーラはそこに着くと、難民であふれた街を見た。そこにいるだれもが、戦争で疲弊したヨーロッパを逃れようと必死になっていた。ドーラはひとりで田舎の農場に身を隠すことにし、涙ながらに兄に別れを告げた──それからふたりが会うことは二度となかった。

アメリカのビザとともに、ベンヤミンはスペインとポルトガルの通過ビザを受け取ったが、何より苛立たしいことに、フランスの出国ビザが手に入らなかった。

9月下旬、ベンヤミンと2人の友人はマルセイユから列車に乗り、スペインとの国境に近い町、ポール=ヴァンドルに行った。合法的にフランスから出ることができなくなったいま、3人は密かに国境を越えてスペインへ入ろうと決めた。そこからポルトガルへ向かい、アメリカ行きの汽船に乗るのだ。ポール=ヴァンドルで、彼らはベンヤミンの知り合いの妻、リーザ・フィトコと合流した。彼女はこの地域に土地鑑があって、ピレネー山脈を越えてフランスの国境を渡り、スペインのポルボウに抜ける、ほとんど使われていない小道を知っていた。

9月25日、一行は山を登りはじめたが、そのあいだずっと、フランスの警察か国境警備隊に捕まるのではないかと恐れていた。体調の悪かったベンヤミンはどうにかついていった。9月の終わりで暑く、山は険しかった。パリを出てからずっと、ベンヤミンは重い黒

革のアタッシュケースを持っていて、頑なに他人に持たせなかった。そのなかには彼の新しい原稿が入っていた。「この鞄は何よりも大切なんだ」と、ベンヤミンはフィトコに言った。「原稿は死守しないといけない。わたしよりも大事、自分自身よりも大事なものなんだ」

9月26日、一行はスペインとの国境を越え、その午後、ゆっくりとポルボウへ入った。フランスを出られたことに歓喜した彼らは、税関を見つけ、スペインを通過するスタンプを押してもらおうとした。しかし、歓喜は長くつづかなかった。国境は閉鎖されており、翌日にフランスに戻らなければならないと告げられたのである。フォンダ・デ・フランシアという小さなホテルに連れていかれ、見張られながら一晩を過ごした彼らの絶望の深さは、想像を絶する。疲れきり、打ちのめされたベンヤミンは、フランスに戻るという考えに耐えられなかった。フランスに戻れば、間違いなく抑留され、強制収容所に送られ、何より、原稿がゲシュタポの手に渡ってしまう。彼はホテルのベッドに横になった。

脇のテーブルに大きな金時計を、自分のそばにアタッシュケースを置いて。

朝、みなが起きると、ベンヤミンはホテルの部屋で死んでいた。夜のあいだに大量のモルヒネを飲んでいたのだ。翌日、国境はふたたび開かれた。一行はフランスには帰されなかった。ベンヤミンの遺体を残し、リスボン、そしてアメリカへ向かった。

ハンナ・アーレントが数ヶ月後にポルボウに来たが、ベンヤミンの墓は見つけられなかった。しかし、ベンヤミンの死の際に記録された文書は見つかった。それは彼の所持品のリストだった。懐中時計とチェーン、500フラン紙幣、50ドル紙幣、20ドル紙幣、スペインのビザとアメリカのビザが貼られたパスポート、写真6枚、IDカード、X線写真、木のパイプ、眼鏡、いくつかの手紙と新聞。しかし、遺体はなく、原稿もなかった。ベンヤミンが自分自身よりも大切だと考えていた原稿は、完全に消失し、現在まで見つかっていない。『パサージュ論』の最終稿だったと考える人もいるが、まった

く異なるものだった可能性もある。

*

バーで友人が来るのを待ちながら、わたしはあの9月の夜にホテルのベッドでベンヤミンは何を考えていたのだろうと思った。モルヒネにそっと意識を引っ張られ、永遠の夜の闇に向かって運ばれながら、何を思ったのだろう。ベルリンのこと、シャルロッテンブルクの静かな舗道のこと、子どものころの家の暗くかび臭い部屋のことかもしれない。ベンヤミンは、生ではなく、死が、物語と物語作者の源（みなもと）だと考えていた。「人生の終わりが近づいたときに頭のなかで一連のイメージが動き出すように……死は物語作者が伝えうるすべてのことを承認する。物語作者は、死から権限を借り受けたのである。言い換えれば、物語作者の語る物語が遡及的に参照するのは自然史なのだ」

ドイツ語では、Geschichte（ゲシヒテ）という単語が「物語」と「歴史」の両方を意味する。このダブルミーニングが示唆するのは、歴史はある種の物語であり、物語はある種の歴史であるということだ。

わたしたちは物語を想像と、歴史を事実と結びつけて考えるが、実際には同一で、淡水の川が海に流れ込むようにお互いに溶け合うのかもしれない。場所の歴史は、すなわち、場所の物語であり、それは、ベンヤミンの言葉を借りれば、「さまざまな語り直しの層のなかから見えてくる」物語なのだ。

わたしは手すりに寄りかかり、街の北のほうを見た。空は灰色の上着を脱ぎ捨て、いくつかの星の光、あるいは死んだ星のおぼろげな輝きが、どんよりとしたもやに染み込んでいた。最初の街灯がともりはじめていた。

ベンヤミンはボルヘス的なある考えに魅了されていた。それはフランス革命のあいだに生まれた考えで、「パリを世界地図に変える。すべての通りと広場を改名し、その新しい名前は世界中の注目すべき場所や物事から採る（と）」というものだった。ベンヤミンはJ・B・ピュジューにも言及している。ピュジューは、もう少し控えめに、パリの通りの名前はフランスの町や地形にちなんで改名するべきだと提唱していて、「地理的位置の相互関

係を考慮」し、町の大きさと通りの大きさも対応させるべきだと述べていた。フランスの川や山は、いくつもの地区にまたがる特別に長い通りによって表象され、「そのアンサンブルから、旅人はパリのなかでフランスの地理を知り、そして逆にフランスのなかでパリの地理を知ることができる」。ピュジューはまた、「南フランスの住人が、パリの地区の名前を見て、自分が生まれた場所、自分の妻がこの世に生を受けた町、若いころに自分が過ごした村を再発見する」のはなんと楽しいだろうとも書いている。

この空間性の重なり、織り交ざりから、わたしの思考はふたたびシュペーアの想像上の放浪に戻った。世界は内的であると同時に外的であり ―― 都市に内包された宇宙、庭のなかの世界、名前のなかにある場所の物語 ―― 世界を経験するには、みずからの心の外に出る必要はないのかもしれない。街を見渡しながら、あらためて確信したが、この歴史的に積み上げられたもの、わたしがいま立っているこの時間的、空間的現実の組み合わせは、無数にありえた未来の

気まぐれの結果にすぎない。その物語のなかでは、幾層もの現実が、はじまりも終わりもない本のように、わたしの前とうしろで折り重なっている。わたしは、いうなれば、名もなき未来の記憶を生きているような気がした。

ポルボウには、ベンヤミンを記念するモニュメントがある。イスラエルのアーティスト、ダニ・カラヴァンがデザインしたもので、『パサージュ』というタイトルがついている。長い錆びた鉄の通路となっていて、風雨で傷んだ階段を下りていくと、その先にはきらめく海がある。しかし最後、海にたどり着く前に、階段はガラスの壁で行き止まりになる。

シュペーアがロンドンのホテルで死んだ6年後、シュパンダウ刑務所は取り壊された。刑務所の敷地だったところにはすぐにショッピングモールが建てられ、シュペーアの庭はセメントで覆われ、駐車場となった。刑務所の痕跡をいっさい残さず、記念となるような場所を生まないように、建物全体が粉々にされ、海に捨てられた。

場所無し

No Place

「無い」ことをアイデンティティに持つ小さな町は
意外なほど地元愛のエピソードに事欠かない

★場所無し

イギリス

　場所無し（No Place）をばったり訪れたら、映画館もなく、セ
ブンイレブンもなく、ガスステーションもなく、鉄道駅
もなく、ショッピングモールもなく、それどころか町の標識す
らないことにがっかりするだろう。標識がないというのが特に
もったいないことかもしれない。「わが家のような場所無し」と
さりげなく主張することもできるのだから。あるいは、「場所無
しのような場所無し」と。

　とはいえ、場所無しはその名前から想像されるようなマイナ
スの空間ではない。イングランド北東部の、住民のまばらな地
域に位置し、ゆるやかに起伏する丘、果てしない高速道路、煤
色の雲、大型家具マーケットという景色に囲まれた場所無しは、
ともすると見逃しやすい。6本の同じような通りだけで成り立っ
た町で、赤レンガの2階建てのテラスハウスが格子状に12列並
び、300人の住民が没場所的な諦念をもって暮らしている。

　場所無しが特徴のないあいまいな存在として生まれたのは19
世紀の終わりごろで、最初は2つの大きな住宅団地に挟まれた4
軒のテラスハウスの集合体だった。地元の人たちの話によれば、
本物の町とはみなせなかったため、「場所無し」という名前が与

DATA

場所：北緯 54 度 52 分／西経 1 度 39 分
日本からの所要時間：17 時間 30 分　総費用：16 万円

えられたという。だが、数十年が経つうちに、この非-町は少しずつその没場所性の外へ広がっていった。1950年代の短い全盛期、町には協同組合、フィッシュアンドチップス店、パン屋、コンビニ、さらにはスイーツ専門店があった。拡大する町の住民の大半は、近くのビーミッシュ・メアリー炭鉱で働いていた。半分は場所無しで過ごし、もう半分は鉱山で過ごしていたが、採掘作業はマイナスの空間を生み出す行為であり、住人たちはある種の詩的な循環を場所無しにもたらしていた。

　このようなイングランドの村に典型的なぱっとしないペースで発展していた場所無しだが、1950年代の終わりにダラム州議会はこの町をゆるやかに消滅させることをひっそりと決定した。それは何かをするというより、何もしないという計画だった。町の人口は何年もゆるやかに減少しており、町の維持費が州にとって大きな財政的負担となっていたため、建物の修理や新たな住宅およびインフラへの投資をしないと決めたのである。最終的にこの案は支持され、町は運命に従うことになった。

　劇的ではないとはいえ、ある意味でこれは「ダムナティオ・メモリアエ」を宣告しようとしたということだ。ラテン語で「記憶の破壊」を意味するこの罰は、古代のローマ元老院が反逆者や帝国を侮辱した者に言い渡したもので、これを宣告されるということは、存在しない人にさせられるということだった。宣告された者の名前を認めること、口に出すこと、書くことは禁止され、その人物のローマでの人生の物理的痕跡はいっさい消された。死後も、そもそも存在しなかったかのように扱われた。未来の記憶から消されるということがもっとも過酷な罰だと、多

くの人が考えていたのである。人にとっても都市にとっても、死は生の避けられない帰結かもしれないが、記憶が不朽であるということに、いくらかの埋め合わせ、あるいは贖(あがな)いがある。1953年の『タイム』誌のインタヴューで、地元の教会の司祭はこう言っている。「その名前から、場所無しは滅びる運命にあると考える人もいます。しかし、村人にとっては故郷であり、ほかにそのような場所はないのです」。(間違いなくダジャレで言っている。)フランスの理論家マルク・オジェは、一時的な場所を指して「非‐場所」と表現した。空港、ホテルの部屋、ショッピングセンターは目的地ではなく、通過と消費のための移ろいの空間だと、オジェは論じている。しかしこれは完全に主観の問題だ。ハイウェイのアンダーパスは、家でも目的地でもないと思われるかもしれないが、そこに住んでいる放浪者にとっては話が別になる。場所無しは、その名前にもかかわらず、そしてあらゆるものが欠けているにもかかわらず、住人たちによって場所になった。消滅の危機に瀕しながらも、町はひとつになって抵抗し、州議会との闘いに勝ったのである。

30年後の1983年、州はふたたびこの町の事情に干渉しようとした。間違いなく善意で、場所無しに名前を与えようと考えたのだ。提案された名前は「協同団地 (Co-operative Villas)」で、州はこれで町のアイデンティティがかりそめのものではなくなるだろうと信じていた。しかし彼らが理解していなかったのは、場所無しはすでに彼らのアイデンティティであり、故郷の名前だということだった。町の名前を変えるということは、過去を、町

154

が必死に守ってきた過去を消し去るということだ。場所無しを消し去ろうとする最初の試みが物理的（フィジカル）だったとすれば、今回は形而上学的（メタフィジカル）だった。しかし、またもや、町はアイデンティティの変化を拒んだ。（正確には、妥協案のようになった――現在、道路標識には「協同団地」と「場所無し」の両方が書かれるようになっている。）マイナスによって定義される町かもしれないが、しかしここには多くのプラスがある。教会、パブ、サッカー場があり、そしておそらく何より重要なことに、ダジャレを果てしなく提供してくれるのだ。

場所無しへの行き方

成田空港からニューカッスル国際空港へ約16時間かけて移動。徒歩でエアポート駅に移動し、バスに乗車して約30分でゲーツヘッド駅着。徒歩でゲーツヘッド・インターチェンジ駅へ行き、約1時間でクロスローズ-B6312駅着。駅から徒歩5分で場所無しに到着する。

ニュージーランド　オークランド諸島

失望島
Disappointment Island

いっさい望みを絶った
アホウドリの繁殖地として

ニュージーランド

失望島
★

1907年3月6日。15人の男が南太平洋の
荒涼とした露頭で身を寄せ合っていた。
厳しい南極の強風が、彼らの濡れて震える体のまわりでうなり
を上げていた。先の見えない暗闇の向こうから海のとどろきが
聞こえ、彼らの木船を島の断崖にぶつけて粉々にしていた。遭
難した彼らにとって、この有無を言わせぬ音は、自分たちの苦
境の象徴だった。それは失望の音だった。

　彼らがたどり着いたのは失望島（Disappointment Island）だった。
だれが命名したかはわからないが、その名前はじつに適切だっ
た。もちろん、日常のなかにもとびきりの失望の瞬間はあるだ
ろう —— もらって困る誕生日プレゼント、チキンの少ないチキ
ンシーザーサラダ、日曜日のピクニック中の雨 —— が、失望島
では、預言によって定められたかのように、すべてが失望だっ
た。遭難して救助の望みがほぼないということ以外にも、失望
の理由はたくさんあった。まず、きらめく白い砂とヤシの木の
楽園に流れ着く熱帯地方の遭難者と違い、失望島で遭難した者
を待ち受けていたのは、吹きさらしの脆い岩のちっぽけな丘だ
った。まわりに広がっていたのは穏やかなターコイズブルーの
海ではなく、暗い嵐の南洋だった。遭難者のひとりは、「自分が

| DATA | 場所：南緯 50 度 36 分／東経 165 度 58 分 |
| | 日本からの所要時間：8 日以上　総費用：60 万円〜 |

いるのがオークランド島の本島ではなく」、失望島だとわかると、失望に打ちひしがれ、「難破した12日後に死んだ」。失望で死んだ歴史上唯一の人物かもしれない。

　17日前の1907年2月17日、遭難者たちの船、ダンドナルド号──全長70メートルの鋼鉄船──は、シドニー湾から小麦を積んでイングランドへ出航した。ホーン岬をまわる東への航海は順調に進んでいたが、まもなく激しいスコールに見舞われた。船乗りならだれもが知っている、「吠える40度」というその緯度特有の現象である。乗り切れるという見込みが砕けたのは、真夜中過ぎのことだった。陸地が見えたが、大きな船を操ることができず、その島の非情な崖のほうへ流された。船は岩に勢いよくぶつかり、男たちは混沌とした暗闇のなかを半狂乱で這いまわった。波が次々とデッキを襲い、彼らを荒れる海へ放り出した。幸運にも沈む船を脱出した者たちは、90メートルの石の崖を必死によじ上った。28人中16人が生きて陸に着いた。しかし、ひとりは安全な場所に着いたところで、執念深い波に引きずり戻された。彼の姿は二度と見られなかった。計り知れない試練のあと、青白く凍えた体をようやく朝日に照らされると、男たちは立ち上がり、荒涼とした岩を見つめ、自分たちがその上にいることを知った。生きているとわかったことで、彼らの気力は一瞬高まったが、すぐにくじかれた──その島はまさに失望の場所だったのだ。

　その後の数日、男たちは意を決して交替で難破船のところに行き、海面からわずかにのぞくマストの帆を破り取った。飢え

た彼らは、カモメをつかまえ、その生肉をむさぼり食った。船を放棄することに決める直前に、ひとりがマッチを数本つかんだが、海水で濡れていた。3日かかってようやく火をつけられた —— それは決して絶やしてはいけない火だった。

男たちは奮闘するしかなかった。その場しのぎの帆のテントは、冬の荒れ狂う吹雪には歯が立たず、また、島には木材がなかったため、素手で凍った地面に穴を掘り、低木と枝で避難所をこしらえた。アザラシの毛皮から履物をつくった。回収した船の帆を、草の繊維と骨の針で縫い、ブランケットにした。土のかまどをつくり、見つけたあらゆる生き物を焼いた —— カモメ、アホウドリ、ミズナギドリ、クジラドリ、そしてときには無警戒のアシカ。彼らの苦しみはいかほどだっただろうか。何しろ、予期せず失望島に来る前は、何千トンもの金の小麦の上に乗っていて、それは彼ら全員が何度も人生をまっとうできるほどの量だったのだ。数日が数週間になり、数週間が数ヶ月になった。来る日も来る日も、男たちはうつろな失望の表情を浮かべ、広大でからっぽな水平線を見つめた。やけになって、助けを求めるメッセージをアホウドリの脚に結びつけたりもした。

失望島のわずか8キロ東にはオークランド島があった。無人島だとはいえ、はるかに大きな島で、しかも、非常食が貯蔵されているという噂があった。明らかな難題は、船なしでどうやってそこにたどり着くかということだった。歴史が繰り返し証明しているように、やけっぱちのときほど素晴らしい名案が浮かぶことはない。彼らは、船の帆とヴェロニカ・エリプティカと

いう植物の針金のような枝を使い、水に浮かぶ巨大なかごのような小型の船をつくり上げた。枝と帆で、とりあえずのオールもつくった。そして3人がその脆い創作物に乗り込み、手を振られ、歓声を受けながら、目指す近くの島へと旅立った。しかし、島にはたどり着けたものの、噂の食糧を見つけることはできなかった。そして、前の不幸を繰り返す呪いをかけられたかのように、弱々しい船は岩にぶつかって粉々になり、彼らは何の収穫もなく、意気消沈して失望島に戻った。

　その後、10月初めまでに前よりも大きな船をつくり上げ、今度は4人が旅立った。しかし、オークランド島に到着はしたものの、船はまた岩にぶつかって壊れた。だが4日目、島の反対側に向けて低木の茂みを、裂傷を負いながら20キロ苦しんで歩いたのち、ついに食糧を見つけ、しかも、そこには小さな木の手漕ぎ船まであった。服を切り裂いて帆にした男たちは、裸ではありながらも意気揚々と、取り残された仲間を迎えに失望島に戻った —— そして一緒に、新しい、大きな、はるかに失望の小さい島へ向かった。

　遭難者たちは継ぎはぎの旗を立てたが、そこに書いたのは「助けて！」や「SOS」ではなく、「ようこそ」だった。これはうまくいったようで、直後の10月16日、ニュージーランド政府の汽船ヒネモア号が、亜南極諸島の科学調査遠征の際にそばを通り、偶然にも、半旗の位置に掲げられた旗 —— 難破した船員が出す

失望島 | *Disappointment Island*

一般的なサイン —— に気づいた。しかし、ヒネモア号の船長は、船を止め、疲れきった生存者を見つけると、この期に及んで大きな失望をもたらした。遠征が終わるまでは救助できないから、それまでオークランド島で我慢して待っていてくれ、と告げたのである。多くの失望を味わってきた男たちは、甘んじてもう少しそれを味わうことにした。

失望島への行き方 ————————————————————————

成田空港から乗り継ぎ便で約16時間かけてダニーデン国際空港へ。失望島のあるオークランド諸島は世界遺産である「ニュージーランドの亜南極諸島」に含まれる。ダニーデンから出ている専門ガイド同伴の亜南極諸島観光ツアー（50万円〜）に申し込む。

日本　山梨県

自殺森（青木ヶ原）

Suicide Forest (Aokigahara)

山梨県
自殺森 ★

「世界で2番目」の不名誉に浴す富士のふもとに広がる樹海は、
ウバステ・セップク・カミカゼ etc... 日本的「死」の象徴か

『完全自殺マニュアル』には、そこは死ぬのに完璧な場所だとある。864（貞観6）年、富士山が10日つづけて噴火した。燃える火口から溶岩の巨大な川が流れ、降り注ぐ灰が火山から海まで一面を覆った。あたりは瞬く間に燃え、森と村全体が黙示録的な破滅の風景に飲み込まれた。その後の1200年のうちに、ツガ、ヒノキ、アカマツ、ナラなどの混交林が、肥沃な火山性土から生長した。そうして生まれた森は「青木ヶ原」と名づけられた。今日、そこは容易に入り込めない緑の壁になっている。根と蔓と葉のからまった塊が、苔で覆われた溶岩洞窟の起伏した風景を覆い隠している。富士山の山腹に立ってこの森を見下ろすと、見えるのはただクロロフィルのうねる海だ。その光景ゆえ、青木ヶ原は「樹海」とも呼ばれている。

　現代において、日本文化ほど神話や迷信に深く染まっている文化はあまりない。根強く残る神話体系と儀式的な行いは、何世代にもわたって受け継がれてきたもので、現代の日本社会の基礎を形成している。青木ヶ原は時間と信仰の広い谷を結ぶ橋であり、古代のスピリチュアリズムと現代の日本文化を結びつける力となっている。しかしながら、この森には不吉な面もある。ある古代の神話によると、青木ヶ原は姥捨てという非常に

DATA　場所：北緯 35 度 28 分／東経 138 度 37 分
東京からの所要時間：2 時間 30 分　総費用：2710 円

161

おぞましい習わしの場所だった。これは「老いた女性を捨てる」という意味で、邪魔者になった老衰した家族や親戚を森に連れていき、飢えや体温低下で死なせる、恐ろしい慣習である。干ばつや飢饉の苦しい時期に一般的に行われていて、封建領主が命じることまであったと、神話ではいわれている。また、青木ヶ原の森で孤独に死ぬことを強いられた人々の死と苦しみの蓄積物が、みずから森の深くに入り込んで死んだ何百人分もの悲しみと結びついて風景に染み込んだあまり、現実と現実の外との境界に穴があくという話もある。その結果、いまこの森にさまよいこむ人は、目的が何であるにせよ、そこを出ることができないという。

　一部の説によれば、さまよい人はこの森の唯一の居住者ではないようだ。苦しめられた人々の霊もそこに住んでいるという。日本語では幽霊（ユウレイ）というが、西洋のそれと同じように、うまくあの世に行けなかった者の魂だと考えられている。だが、西洋文化とは違い、日本の神話にはさまざまな種類の霊がいる。典型的なユウレイの描写は、長く黒い乱れた髪で、死んだときの服を着ているというものだ。ユウレイは、気難しい霊であり、午前2時から2時半のあいだに出没することを好む。その時間は生者の世界と死者の世界をわける膜がもっとも薄くなるらしい。

　青木ヶ原の森は何百年も自殺の名所だったが、松本清張の小説『樹海（*The Sea of Trees*）』〔『黒い樹海』と『波の塔』がごっちゃになっていると思われる。両作品とも英訳されておらず、ストーリーに関しても誤解があるようだ〕が出版されたあとの1960年代に、その人気はうなぎのぼりになった。このベストセラー小説は、ある女の若い男との破滅

的な不倫を描いたものである。男が女の夫から恐喝されると、ロミオとジュリエット的な劇的な展開で、恋人たちは心中のために青木ヶ原に逃げる。

　青木ヶ原の森は日本の大きな文化現象を象徴している。この国は、先進国でもっとも自殺率が高い国のひとつだ。平均して一日に70件もの自殺があり、少なくとも10年間は年間の自殺者数が3万人を超えていた。〔厚生労働省によると、1998年から2011年にかけて3万人を超えていた。〕1997年の株式市場の暴落の際には、自殺者数が35パーセント上昇した。日本は自己犠牲の精神が根深い国であり、みずから命を絶っても、西洋のユダヤ・キリスト教的な意味で罪を負うことにはならない。個人の文化ではなく、集団の文化が重んじられ、ひとりの人間の迷惑行為や失敗がコミュニティ全体に影響する国である。西洋とは違い、失敗は成功のために必要な障壁ではなく、回復しようのない恥だとみなされる。日本には、文化的に受け継がれ、認められた、名誉ある自殺、切腹という考え方もある。この儀式 ── 腹を刃物で切り裂くか突き刺し、間違いなく長く苦しい死を味わう ── は、伝統的に武士が実践していたもので、失敗への正当な対応、戦に負けたり捕らえられたりしたときの最後の手段だと考えられていた。名誉ある自殺や自己犠牲という考えは、第二次世界大戦中のカミカゼ部隊によって、愛国心のある高貴な行いとしてさらに美化された。この自爆テロの先駆者たちは、日本帝国のためにみずからの命を犠牲にすることが、自

自殺森（青木ヶ原）| *Suicide Forest (Aokigahara)*

分たちにできる最高の愛国行為だと考えていた。

　青木ヶ原は世界で2番目に人気の自殺の名所（その上はサンフランシスコのゴールデン・ゲート・ブリッジ）という痛ましい栄誉に浴し、いまでは恐ろしい別称でも知られている —— 自殺森（Suicide Forest）。

　放置された車が駐車場に散らばっている。森のあちこちで、木製の標識が木に釘づけされていて、こんなことが書いてある。「あなたの人生はご両親からの大切な贈り物です」、「死ぬことを決める前に警察に相談を！」。長年のあいだに、500人もの人がこの森へ片道ハイキングに出かけたと推定されている。ボランティアや監視員が毎年森を捜索し、遺体を探しているが、あるとき監視員は、巨大なナラの木の根元に寄りかかっている風化した骸骨を見つけた。その骨は、古い雪の色合いを帯びて、古代の化石のようだった。色褪せたグレーのビジネススーツが、やせ細った体にぴったりくっついていた。空を向いた黒い革靴は、突き出た細い骨にはもはや大きすぎるようだった。枯葉に少し沈んだその骨のまわりには、さまざまなものが散らばっていた。携帯電話、黒縁メガネ、水のペットボトル、そして、鶴見済『完全自殺マニュアル』の色褪せたページが、開いたまま、雨で膨れていた。この場所で、これらのものは遠い昔に忘れ去られた文明の遺物のように見えた。一方、苔と蔓は、この光景の静かな恐ろしさなどおかまいなしに、ゆっくりと広がっていた。

自殺森（青木ヶ原）への行き方

東京から約2時間かけてバス移動。河口湖駅から西湖周遊バスに乗車し、34分で「西湖コウモリ穴前」停留所で下車。センターの駐車場から自殺森への遊歩道が伸びている。

チリ　パタゴニア

飢饉港

Port Famine (Puerto del Hambre)

遭難した征服者たちが極寒の地に建てた「フェリペ王の街」
寒さと餓えから街は荒れ果て、のちに人はこの名前をつけた

チリ

★飢饉港

1 584年2月11日、4隻の船がチリ南部のマゼラン海峡に到着した。1100キロほど南に迫った南極の氷床から、猛烈な風がうなりを上げ、錨を沖に出そうとしていた船に襲いかかった。結局、途方に暮れた337人の男性、女性、子どもが下船した。不安定な数ヶ月の航海ののち、彼らが最終的にたどり着いたのは、だれも想像できなかったほどに荒涼とした、人を寄せつけない場所だった。貧窮した乗組員たちは、凍った吹きさらしの浜辺をよろよろと歩き、巨大な木製の十字架を引きずっていた。この土地はスペイン帝国のためのものだと、サルミエント船長は宣言した。彼らはここに偉大な街をつくろうとしていた。Ciudad del Rey Don Felipe ── 「フェリペ王の街」を。

　当時、スペイン帝国 ── 略奪した富とキリスト教への過剰な熱狂に酔いしれていた ── は、ヨーロッパの範囲をはるかに超えて広がっていた。アメリカでのいわゆる「伝道」の冒険を通して手に入れたあり余るほどの銀が、拡大する帝国の資金源となっていたが、それとともに先住民の果てしない奴隷労働もその一助となっていた。新世界の先住民は当初、最初のスペイン人征服者たちを心から歓迎したが、それに対してスペイン人は、天然痘、徹底的な暴力、奴隷制度で報いた。「インディアンは」

DATA　場所：南緯53度36分／西経70度55分
日本からの所要時間：35時間　総費用：23万円

165

と、アラン・ド・ボトンは『哲学のなぐさめ』に書いている。
「みずからの歓待と武力の貧弱さによって凋落した。彼らは村や
街をスペイン人に開放したが、客人たちは不意に襲いかかって
きた。彼らの原始的な武器はスペインの大砲や剣にはかなわな
かったし、征服者（コンキスタドール）は餌食となった人々に情けを見せなかった。子
どもを殺し、妊婦の腹を切り裂き、目玉をくり抜き、家族全員
を生きたまま焼き、夜中に村に火をつけた」

　3年前の1581年9月27日、23隻の船団が2500人の船員、兵士、
聖職者、入植者、そしてその妻と子どもを乗せ、スペインの港
町カディスを出てチリ南部を目指した。フェリペ2世は、植民地
主義のライバルたちから自分たちの領土を守るため、マゼラン
海峡沿いに新たな都市の建設を命じた。しかし、出発してまも
なく、船団はさまざまな災難を経験する。2隻が大西洋の強烈な
嵐に破壊され、船団全体がスペインに戻ることを余儀なくされ
た。2ヶ月後、ふたたび出帆したが、今回は16隻、2200人とな
った。船団は嵐に悩まされつづけ、マゼラン海峡の東の入口に
着くころには、船はわずか4隻しか残っていなかった──残り
は任務を放棄し、スペインに戻っていた。

　大半の人がこの不吉な兆候をさらなる失敗の前触れだと考え、
そこで切り上げることにしたのに対し、サルミエント船長は動
じなかった。当初の23隻の船のうちわずか4隻、2500人の乗組
員のうちわずか337人となったが、彼はばらばらになった船団
の残りを連れ、マゼラン海峡に沿って西進し、パタゴニアの荒
涼とした未踏査の奥地へ入っていった。とはいえ、サルミエン
トにはそこにとどまるつもりはなかった。彼はわずか数週間後

にスペインに戻る船に乗り、途方に暮れた開拓者たちにフェリペ王の街の建設を託した。

プンタアレーナス
飢餓港 ★

　入植者のなかには、フランシスコ会の聖職者が2人、男性が58人、女性が13人、子どもが10人、商人が22人いた。あとは兵士と船員だった。フェリペ王の街はスペインの穏やかな気候と肥沃な土地とはかけ離れていた。作物はパタゴニアの極寒の環境では芽を出さなかった。入植者にあったのは、無邪気な希望、植民地主義者の傲慢さ、救いの巨大な十字架くらいだった。

　約3年間、フェリペ王の街からは不吉な沈黙しか届かなかった。サルミエントもスペインに戻れていなかった。嵐のため、遠く大西洋に流され、彼と乗組員たちは船の猫や革製品を食べて生き延びた。最終的にブラジルにたどり着き、そこでサルミエントは服を売って食べ物を買う金を得た。しかしこれは不幸を一時的に和らげただけだった。ふたたびスペインに戻ろうとしているときに、彼はイギリスの海賊ウォルター・ローリー、そしてフランス人に捕らえられ、ほぼ3年間、モン＝ド＝マルサンの暗い城で囚人となった。

　1587年1月10日、イギリスの航海者トマス・キャヴェンディッシュが、マゼラン海峡を通過していたときにフェリペ王の街に立ち寄り、物資を仕入れようとした。上陸すると、身の毛のよだつ光景が広がっていた。337人の入植者のうち、残っているのは15人の男性と3人の女性だけだった。人間というより骸

骨のようで、生命の最後の痕跡にどうにかしがみついていた。広場では、腐食しはじめた死体が絞首台からぶら下がっていて、これは街の現状を象徴していた。残骸のなかに凍えて飢えた人々の亡骸が散らばっているのを見つけたキャヴェンディッシュは、この街を「飢餓港（Port Famine）」と名づけることにした。奇妙なことに、やせこけた生存者たちはキャヴェンディッシュの救助の申し出を断った。例外はひとりの男性で、トメ・エルナンデスという名の船員だった。サンティアゴに近いキンテーロの港で、エルナンデスは船を下りてチリの総督のところに行き、フェリペ王の街の悲惨な運命について語った。

　3年の沈黙のあいだに、チリでは噂が広まっていた。フェリペ王の街の人々はじつは滅びる運命の街を捨て、「シーザーズの街」にひょっこりたどり着いたのだと。放浪の街、トラパランダともいわれるこの神話上の街は、パタゴニアのアンデス山脈のなか、チリとアルゼンチンのあいだのどこかに隠れているといわれていた。シーザーズの街は、決まった瞬間にしか現れないという噂だった。その街をかたちづくる金、銀、ダイヤモンドは、数百キロ先からでも輝いて見える。しかしながら発見者は、街を離れた瞬間、折り悪く記憶喪失に襲われると考えられていた。

　フェリペ王の街の身の毛のよだつ真実が広く知られるようになってから何年も経っても、噂は残りつづけた。W・H・オーデンの詩「考古学」にあるように、「知識には目的があるかもしれない／だが推測することはいつも／知ることより楽しい」のだ。

飢饉港への行き方

羽田空港から乗り継ぎ便でプンタアレーナス国際空港へ約34時間かけて移動。空港からタクシーに乗って1時間ほどで飢饉港へ。

暗闇湖

Darkness Lake

黙示録クラスの天変地異が世界的名作を生んだ?
名づけの経緯さえも闇に包まれた、漆黒の湖

カナダ
★
暗闇湖

　　カ ナダの荒野の奥深くに埋もれた小さな湖がなぜ暗闇（Darkness）と呼ばれるようになったのかについて、歴史の記録は頑なに沈黙を貫いている。しかし、その地域が探査、地図化された時期を考えると、そして近くの湖にも貧困（Poverty）や黄昏（Dusk）のような興味深い詩的な名前がついていることを考えると、ひとつの仮説が浮かび上がってくる。その物語のはじまりは1816年の夏、いわゆる「暗闇の夏」だ。

　「みんなでそれぞれゴーストストーリーを書こう」とバイロン卿が言った。友人同士の5人組は、スイスの別荘の輝く火の前に集まっていた。6月中旬だったが、真冬といっていいくらいだった。雷が空を照らし、聖書の記述を思わせるほどの雨が降っていた。たまに雨が止み、外に出てみると、空気は不気味な赤い霧に覆われていて、それがあまりに濃いため、太陽の光が注ぐと永遠の黄昏（たそがれ）のような光景が広がった。

　1816年5月のことだった。バイロン卿は、妊娠中の妻と、自身の異母姉との不倫スキャンダルから逃れるために、イングランドを抜け出し、夏のあいだ、レマン湖の別荘で自主的な亡命生活を送ることにした。同行者として、友人で主治医のジョン・

DATA　場所：北緯 50 度 10 分／西経 86 度 21 分
日本からの所要時間：29 時間　総費用：20 万円

ポリドリを連れていった。向かいの別荘には18歳のメアリー・ゴッドウィン、その恋人のパーシー・シェリー、2人の生後4ヶ月の息子、メアリーの異母妹のクレア・クレアモントが滞在していた。彼女たちも夏のヴァケーションでロンドンからレマン湖に来ていた。より正確には、クレア・クレアモントにせがまれて来ていた。彼女は、ロンドンでの一時の情事のあと、バイロンに妄想すれすれの思いを抱くようになっていた。彼の子どもを密かに妊娠してもいた。5人の若いイングランドのボヘミアンたちはバイロンの別荘によく集まった —— 奇妙だが不思議と調和のとれたグループだった。

夏のヴァケーションとしては理想的だっただろう、奇妙な季節外れの天気でさえなければ。その夏の絶え間ない寒さと暗闇は、人類の記憶にないものだった。彼らには知る由もなかったが、それはヨーロッパにかぎった話ではなかった。中国では、氷点下の気温のために、木や稲、動物が死んだ。北米各地で雪が降った。カナダでは湖と川が凍った。霜や大雨で、アイルランドやイングランドの穀物がやられた。ヨーロッパ本土では、農作物が収穫できず、飢えに直面した人々が暴動や略奪に走った。正常に戻るまでに2年以上かかったが、それまでに世界中で9万人もの死者が出た。おおむね飢えと病気が原因だった。

驚くことではないが、多くの人がこの前例のない大気現象は世界の終わりを意味していると考えた。偶然にも、ボローニャ出身のイタリア人天文学者が、7月18日に太陽が燃え尽き、この惑星は永遠の暗闇に覆われると予言していた。この恐ろしい予言のニュースがきっかけで、暴動、自殺、宗教回帰が起こっ

た。異常気象の実際の原因 —— ヨーロッパの人はだれも知らなかった —— は、前年1815年4月10日の火山の爆発だった。現在のインドネシアにあるタンボラ山で起きた噴火は、観測史上もっとも破壊的な火山現象だった —— あまりの爆発力のため、山の大部分があっという間に跡形もなくなり、その音波は2500キロ先まで聞こえたという。島の1万人もの住人が火砕流の大波に飲まれて灰となった。何十億トンもの灰、ガス、屑が大気中に噴出し、1300キロ先まで降り注いだ。噴火後の2日間、山の周囲550キロは完全な暗闇に包まれた。灰、軽石、硫黄の邪悪な雲が、ゆっくりと世界中に忍び寄り、1年かけてヨーロッパに、さらに数ヶ月かけて北米に到達した。

　レマン湖を越えて広がっていた災害は、実際的なところ、スイスに夏の休暇に来ていたグループにとってはちょっとした不都合にすぎなかった。いつもなら輝いているレマン湖がこのときは不吉に見え、雷の来そうな暗い空を映していた。「雨の多い不快な夏になった」とメアリーは書いた。「絶え間ない雨のため、家に何日も閉じ込められることがよくあった」。5人は温かい暖炉のまわりに身を寄せ、フランスのワインを飲み、明け方まで政治や詩について語り合った。新聞を読むと、謎めいた天気と黙示録的なヒステリーがヨーロッパを支配していると書かれていた。「ヨーロッパのほぼ全域を苦しめている異常気象について、ドイツからじつに憂鬱なニュースが届きつづけている」と、あるフランスの新聞は報じていた。「過剰な雨がほぼいたるところで災害を引き起こしている」

　ところが、この災害の夏は創造力を大いにかき立て、文学の世界を新たな時代へ導くことにもなった。ある晩、『ファンタスマゴリアナ』——ドイツの恐怖物語集——を読んだバイロンは、自分たちもそれぞれ恐怖物語を書き、文学賞ごっこのようなことをしようと提案した。数日後、シェリーは「幽霊物語の断章（A Fragment of a Ghost Story）」を書いた。メアリーは、「青白い顔をした罪深い技術の研究者が、みずからがつくり上げたもののそばにひざまずいている」という悪夢からインスピレーションを得た。彼女はこの夢をもとに、氷と暗闇の冷たい世界ではじまり、終わる物語を創作した。これは近代文学でもっとも影響力の大きい作品のひとつとなった——『フランケンシュタイン、あるいは現代のプロメテウス』である。一方、ジョン・ポリドリは、『吸血鬼』という作品を書いた。イングランドに戻ってから出版し、これは最初の近代的な吸血鬼小説となった。バイロンは予言的な夢、「完全に夢ではない」夢を見た。彼が書いたのは「暗闇（Darkness）」という詩だった。この詩は、黙示録主義の預言者がヨーロッパじゅうで伝道していたような不吉な未来像だった。バイロンの詩の暗闇は、たんに光がないという話ではなく、人類の暗闇の底への転落を描いた凄惨な話で、太陽がない状況下で人間の魂に見出される虚無を表現していた。「暗闇」で、人々は暖かさと光を求めるあまり、家と街全体を焼くが、これが暗闇への急落の第一歩となる。「そして人々は燃え立つ家のまわりに集い／もう一度お互いの顔をのぞき込んだ」。世界に立ち込めた暗闇は、人々の心に染み込み、人間性の痕跡を奪っていく。「飢餓の苦しみ」から、人々は「あらゆるはらわた

ダスク湖

暗闇湖
★

をむさぼり食い」、やがてお互いに目を向ける。世界は、暗闇の空間に浮かぶ「季節のない、草のない、木のない、人のない、生命のない」岩となる。「川、湖、海は、みな静まり、その音のない深淵で動くものはなかった」

　優れた文学作品にインスピレーションを与えた1816年の暗闇の夏は、ターナーに彼の象徴となる燃える空の風景を描かせ、シューベルトには交響曲第4番『悲劇的』を、ベートーヴェンにはメランコリーなピアノソナタ第28番を作曲させた。不思議なことに、最初の自転車の発明にインスピレーションを与えたともいわれている。ことによると、この「気分の悪い天気」の年に、探検家がいくつかの湖に名前をつけたのかもしれない。そして、そのうちのひとつ、その夏の暗い空が映った湖で、探検家は終わりのない闇を見て心動かされたのかもしれない。

暗闇湖への行き方
羽田空港から乗り継ぎ便でサドベリー空港へ約18時間かけて移動。空港からレンタカーに乗って約10時間で暗闇湖へ。

フィンランド　アラヤルヴィ

死

Death (Kuolema)

死はこわくない！　なぜならそれは旅の始まりだから！
フィンランド独特の「死」の観念を象徴する小さな集落

死（Death/Kuolema）はフィンランドの村である。この北欧の国の真ん中に近い、平坦な、特徴のない、高いマツの木と湿地の風景のなかに、10軒ほどの頑丈な木造の家が点在しており、深い赤色に塗られたものもあれば、冷たい白色のものもある。この村には、銀行も、教会も、パブも、図書館もない。墓地すらない。直線の道路が町を二分しているが、車で通るとそのことに気づかないかもしれない。スウェーデンの写真家エヴァ・パーションは『死の生（*Elämää Kuolemassa*）』というシリーズで、この村の住民を1年間記録した。「フィンランドにおいてのみ、死という村が存在しうる」とパーションは書いている。「フィンランドでは、人は生まれ、長い苦しみの時期を経て、死ぬのである」。一見残酷で恐ろしく思えるかもしれないパーションの言葉を理解するためにまず知るべきことは、イギリスといえば紅茶とスコーンであるように、フィンランドといえば死と苦しみであるということだ。この国の独特な地理的位置（東欧の悲観主義とスカンディナヴィアの陰気さのあいだにある）が、特殊な憂鬱を生み出しているのかもしれない。とはいえ、フィンランドの憂鬱には北極の冬と同じくらいダークなユーモアがある。「すべての希望が失われていれば」と、フィンランドの映画

DATA　│　場所：北緯 63 度 2 分／東経 24 度 7 分
　　　　│　**日本からの所要時間**：19 時間　**総費用**：17 万円

監督アキ・カウリスマキは、あるインタヴューで皮肉っぽく言っていた。「悲観主義者になる理由はない」

　パーションの写真シリーズは、村で唯一のスーパーマーケットを経営している一卵性双生児の姉妹の生活を軸に展開する。スーパーマーケットの裏手の共同住宅で、姉妹はそれぞれの夫とともに住んでいるが、その夫2人も兄弟。作品が制作されたのは2002年だが、1982年といってもおかしくないだろう。このフィンランドの村では、マレットヘア〔1980年代に流行した髪型〕や口ひげが皮肉でなく愛されつづけ、『ザ・ボールド・アンド・ザ・ビューティフル』〔1987年から放送されているテレビドラマ〕がプライムタイムで放送される最新のショーとなっている。世界から余計なものを取り除くことが死の役割だとしたら、死は死を素通りしたようだ。

　この町の命名の経緯については諸説ある。1888年にモーテルの主人が通りがかりの見知らぬ人に殺されたときにその名がついたという噂もあるが、それよりもありえそうなのは、フィンランドの古い詩に由来するという説だ。Halla, nälkä, kuolema; niskat nurin ja taivaaseen（干ばつ、飢饉、死、首の骨を折って天国へ行く）というものである。この陰鬱だが影響力のある詩は、近くのいくつかのランドマークの名前の由来にもなっている —— 飢饉丘（Famine Hill）、首荒野（Neck Heath）、天国の丘（Heaven's Hill）。

　古代のフィンランドの文化では、死のまわりに複雑で叙情的な神話と儀式のパラダイムがあった。魂は複数あると考えるフィンランド人は、人には1つではなく3つの存在 —— Henki、

Luonto、Itse —— が宿ると考えていた。

　古のフィンランド人は、死者が墓を出て取り憑いてくるのではないか —— 霊となって、あるいはもっと不気味に野生動物となって —— という恐怖をつねに抱えて生きていた。この恐怖を和らげるため、そしてぞっとする遭遇を避けるため、人が亡くなったときには手の込んだ儀式を行い、故人の魂があの世で適切な場所を見つけられるようにした。まず、だれにも見られずに死ぬのはよくないと考えられた。遺体はすぐに洗われたが、自殺のときは別で、洗わずにうつぶせにして、死んだときの服のまま埋葬された。絶対ではないものの、死者は日没前に葬るのがいいとされた。木棺が釘で閉じられると、葬列が手でそれを墓地まで運んでいき、その途中、故人の家の前で止まって、最後に一度「会う」ことができるようにした。墓地の前の森で葬列はふたたび止まり、カルシッコというしるしをマツかナナカマドの木の幹に彫った。ほかの死の儀式と同じように、この行為にも形而上学的な意味があった。生者の世界と死者の世界のあいだに、ある種の見えない境界をつくっていたのである。死者は自分が死んでいることを忘れがちで、ときおり家に戻ろうとすると考えられていたため、カルシッコのしるしは、そのような死者に対して、いまの居場所は土のなかだと優しく思い出させるのだった。

　古代のフィンランド社会において、死はひとつの旅の終わりであると同時に、新たな旅のはじまりでもあった。その旅は未知の土地をゆく長く孤独な旅で、家に帰りたい、生者の世界に

戻りたいという死者たちの衝動は、いつまでも強く残った。人の死後1年は、その人の名前を口に出すことが禁じられていたが、それは故人をホームシックにさせてしまうと考えられていたからだ。その1年間、未亡人は再婚をしたり、家で楽しんだりすることができなかった。死後1年の日には、村で祝宴が行われた。そのころまでには死者があの世 —— トゥオネラ —— に自分の場所を見つけられると考えられていた。暗い川の対岸にあるといわれるトゥオネラは、荒涼とした侘しい場所で、死者が永遠の眠りについている。しかしそこでも、死者は生者の領域から完全に離れることはない。シャーマンを通じて、死の境界は越えられる。踊りと儀式でトランス状態に入ったシャーマンは、渡し船の船頭をだまし、川の向かいのトゥオネラへ行く。到着すると、死者とコミュニケーションをとったり、メッセージを伝えたり、助言や指導を求めたりできる。シャーマンが儀式のあいだに死んだとしたら、それはあの世の番人に捕まったからだといわれていた。

　現代社会の構造は死を隠し、生から切り離そうとする。皮肉なことに、これは死の村でも同様だ。パーションの写真では、死の表象が陳腐すれすれになっている —— ライフルを持った男、雪のなかのキツネの亡骸。なくなってしまったのは、生から死への移行、この世からあちらへの旅を仲介していた、古代の信仰と儀式である。死はいまでは違ったかたちで存在している

死 | *Death (Kuolema)*

── 人々をその特有の過去から引き離す、つまり古代の文化の死だ。とはいえ、この引き離しは完全ではない。フィンランド語にはいまも、死と憂鬱に関する独自の語法と語彙があり、それは古代フィンランドの慣習や儀式、神話や信仰をそれとなく教えてくれる。物語や歌、詩や寓話のなかに、村の名前、カウリスマキの映画のなかに、さらにはフィンランドタンゴのなかに、それは見つかり、それらがひとつになって1本の細い糸をつくっている。そしてそれは時と文化を超越し、生者の世界と死者の地を弱々しくも結びつけているのである。

死への行き方 ─────────────

成田空港から乗り継ぎ便でバーサ空港へ約12時間かけて到着。徒歩でヴァーサトラベルセンターに移動し、電車に乗って約3時間で「Uusikylä th L」駅へ。駅から徒歩3分ほどで死だ。

世界の「虚無な場所」リスト

アメリカ合衆国

抑鬱池
ニューヨーク州
DEPRESSION POND
New York

墓湖
ワイオミング州
GRAVE LAKE
Wyoming

破れた夢道路
アリゾナ州
BROKEN DREAMS DRIVE
Arizona

悲惨への道
メーン州
ROAD TO MISERY
Maine

事故
メリーランド州
ACCIDENT
Maryland

死んだ女池
テキサス州
DEAD WOMAN POND
Texas

空虚道路
テキサス州
EMPTINESS DRIVE
Texas

愛無し湖
ウィスコンシン州
LOVELESS LAKE
Wisconsin

憑かれた湖
ニューハンプシャー州
HAUNTED LAKE
New Hampshire

放棄
ニューヨーク州
ABANDONED
New York

失敗峡谷
ユタ州
FAILURE CANYON
Utah

泣く子島
フロリダ州
CRYING CHILD ISLAND
Florida

不審貯水池
オレゴン州
DUBIOUS RESERVOIR
Oregon

悲しい湖
オレゴン州
SAD LAKE
Oregon

泣く婦人岩
ワシントン州
CRYING LADY ROCK
Washington

死の影道路
ニュージャージー州
SHADES OF DEATH ROAD
New Jersey

間違い島
メーン州
MISTAKE ISLAND
Maine

戻れない湖
アーカンソー州
LAKE OF NO RETURN
Arkansas

自暴自棄湖
アラスカ州
DESPERATION LAKE
Alaska

敗北
テネシー州
DEFEATED
Tennessee

悲嘆島
アラスカ州
GRIEF ISLAND
Alaska

迷子少年小道
フロリダ州
LOST BOYS LANE
Florida

悲惨湖
イリノイ州
MISERABLE LAKE
Illinois

孤独町
ニューヨーク州
LONELYVILLE
New York

災難湖
ミネソタ州
CALAMITY LAKE
Minnesota

自殺橋
メリーランド州
SUICIDE BRIDGE
Maryland

死んだ女の交差点
オクラホマ州
DEAD WOMAN'S CROSSING
Oklahoma

血まみれちんこ峰
モンタナ州
BLOODY DICK PEAK
Montana

血まみれ泉
ミシシッピ州
BLOODY SPRINGS
Mississippi

不機嫌犬道路
モンタナ州
GRUMPY DOG ROAD
Montana

絶望山道
カリフォルニア州
HOPELESS PASS
California

絶望道
ネヴァダ州
HOPELESS WAY
Nevada

落胆山
モンタナ州
MOUNT DESPAIR
Montana

恐怖湖
アラスカ州
TERROR LAKE
Alaska

失態池
メーン州
BLUNDER POND
Maine

飢餓丘
オレゴン州
STARVATION HEIGHTS
Oregon

死んだ女川
オクラホマ州
DEAD WOMAN CREEK
Oklahoma

不快池
オレゴン州
NASTY POND
Oregon

名無し
テネシー州
NAMELESS
Tennessee

恐怖山
ワシントン州
MOUNT TERROR
Washington

犬屠殺滝
ケンタッキー州
DOG SLAUGHTER FALLS
Kentucky

孤立道路／孤独通り
ノースカロライナ州
LONESOME ROAD / LONELY STREET
North Carolina

終了岬
ワシントン州
TERMINATION POINT
Washington

捨て鉢小道
ノースカロライナ州
DESPERATE LANE
North Carolina

地獄確実道路
ケンタッキー州
HELL FOR CERTAIN ROAD
Kentucky

不確か
テキサス州
UNCERTAIN
Texas

ご機嫌いかが
アイオワ州
WHAT CHEER
Iowa

傷心小道
テキサス州
BROKEN HEART LANE
Texas

自暴自棄道路／寂寥道
カリフォルニア州
DESPERATION DRIVE / SOLITUDE WAY
California

煉獄池
ニューハンプシャー州
PURGATORY POND
New Hampshire

孤立湖
ニューハンプシャー州
LONESOME LAKE
New Hampshire

意味無し岬
ワシントン州
POINT NO POINT
Washington

悲しい道路
ケンタッキー州
SAD ROAD
Kentucky

貧困島
ミシガン州
POVERTY ISLAND
Michigan

悲惨湾
ミシガン州
MISERY BAY
Michigan

落胆島
ロードアイランド州
DESPAIR ISLAND
Rhode Island

狂女川
ワイオミング州
CRAZY WOMAN CREEK
Wyoming

心痛道路
モンタナ州
HEARTACHE ROAD
Montana

殺戮浜
デラウェア州
SLAUGHTER BEACH
Delaware

血の桶通り
アリゾナ州
BUCKET OF BLOOD STREET
Arizona

失望湖
アイダホ州
DISAPPOINTMENT LAKE
Idaho

なぜわたし小道
サウスカロライナ州
WHY ME LORD LANE
South Carolina

悪夢湖
モンタナ州
NIGHTMARE LAKE
Montana

悲惨島
イリノイ州
MISERABLE ISLAND
Illinois

酷い山
ヴァーモント州
TERRIBLE MOUNTAIN
Vermont

壊れた島
ワシントン州
BROKEN ISLAND
Washington

意地悪間欠泉
ワイオミング州
SPITEFUL GEYSER
Wyoming

憎い丘
ヴァーモント州
HATEFUL HILL
Vermont

価値無し道路
カリフォルニア州
WORTHLESS ROAD
California

失望岩稜
ワシントン州
DISAPPOINTMENT CLEAVER
Washington

失望
ワシントン州
DISAPPOINTMENT
Washington

失望山
ミネソタ州
DISAPPOINTMENT MOUNTAIN
Minnesota

失望道路
ケンタッキー州
DISAPPOINTMENT ROAD
Kentucky

自殺キャンプ道路
ミシガン州
CAMP SUICIDE ROAD
Michigan

幻滅湾
アラスカ州
DISENCHANTMENT BAY
Alaska

鬱湖
カリフォルニア州
DEPRESSED LAKE
California

カナダ

陰鬱湖
オンタリオ州
GLOOMY LAKE
Ontario

死湖
オンタリオ州
DEATH LAKE
Ontario

死んだ犬島
オンタリオ州
DEAD DOG ISLAND
Ontario

不運湾
ニューファンドランド島
UNFORTUNATE COVE
Newfoundland

苦痛湖
オンタリオ州
PAIN LAKE
Ontario

責苦湖
ノヴァスコシア州
LAKE TORMENT
Nova Scotia

撃退湾
ヌナブト準州
REPULSE BAY
Nunavut

寂寥島
オンタリオ州
SOLITUDE ISLAND
Ontario

荒涼湖
オンタリオ州
FORLORN LAKE
Ontario

間違い島
ブリティッシュコロンビア州
MISTAKE ISLAND
British Columbia

荒廃島
ブリティッシュコロンビア州
DEVASTATION ISLAND
British Columbia

孤独島
オンタリオ州
LONELY ISLAND
Ontario

不機嫌小道
ノヴァスコシア州
GRUMPY LANE
Nova Scotia

殺人島
ノヴァスコシア州
MURDER ISLAND
Nova Scotia

殺し屋湖
オンタリオ州
KILLER LAKE
Ontario

どこも無し島
オンタリオ州
NOWHERE ISLAND
Ontario

不毛湖
オンタリオ州
FUTILE LAKE
Ontario

無意味山
ブリティッシュコロンビア州
POINTLESS MOUNTAIN
British Columbia

イギリス、アイルランド

失敗
イギリス｜サウスエアシャー
FAIL
South Ayrshire, UK

ただひとり道路
イギリス｜ブラッドフォード
ALL ALONE ROAD
Bradford, UK

哀れんで
イギリス｜ダラム
PITY ME
Durham, UK

殺す
アイルランド
KILL
Ireland

憂鬱小道
イギリス｜ウェアハム
MELANCHOLY LANE
Wareham, UK

徒労道路
イギリス｜スタンステッド
LABOUR IN VAIN ROAD
Stansted, UK

オーストラリア、ニュージーランド

悲劇池
オーストラリア｜西オーストラリア州
TRAGEDY POOL
Western Australia

無益ループ
オーストラリア｜西オーストラリア州
USELESS LOOP
Western Australia

憂鬱池
オーストラリア｜クイーンズランド州
MELANCHOLY WATERHOLE
Queensland, Australia

自殺湾
オーストラリア｜タスマニア州
SUICIDE BAY
Tasmania, Australia

悪魔が放尿するところ
オーストラリア｜南オーストラリア州
MAMUNGKUKUMPURANGKUNTJUNYA
(WHERE THE DEVIL URINATES) South Australia

死道路
オーストラリア｜ニューサウスウェールズ州
DEATH ROAD
New South Wales, Australia

失望山
オーストラリア｜ヴィクトリア州
MOUNT DISAPPOINTMENT
Victoria, Australia

失望湾
ニュージーランド｜サウスランド地方
DISAPPOINTMENT COVE
Southland, New Zealand

殺人海岸道路
ニュージーランド｜オタゴ地方
MURDERING BEACH ROAD
Otago, New Zealand

ほかにどこも無し
オーストラリア｜タスマニア州
NOWHERE ELSE
Tasmania, Australia

疑惑島
ニュージーランド｜サウスランド地方
DOUBTFUL ISLAND
Southland, New Zealand

無益諸島
ニュージーランド｜サウスランド地方
USELESS ISLANDS
Southland, New Zealand

その他

苦しみ通り
チュニジア
SUFFERING STREET
Tunisia

苦しみ小道
バミューダ
SUFFERING LANE
Bermuda

祖母の穴浜
インド
GRANDMOTHER'S HOLE BEACH
India

棺島
プエルトリコ
ISLA CAJA DE MUERTOS
(COFFIN ISLAND) Puerto Rico

悲しい
クロアチア
TUŽNO (SAD)
Croatia

死んだ女
イタリア
FEMMINAMORTA (DEAD WOMAN)
Italy

悲惨
フランス
MISERY
France

悪魔の門
エルサルバドル
PUERTA DEL DIABLO (DEVIL'S DOOR)
El Salvador

無益湾
チリ
BAHÍA INÚTIL (USELESS BAY)
Chile

煉獄
ポルトガル
PURGATÓRIO (PURGATORY)
Portugal

苦悶
ポルトガル
ANGÚSTIAS (ANGUISH)
Portugal

不運岬
モーリシャス
CAP MALHEUREUX
(UNFORTUNATE CAPE) Mauritius

超死
スペイン
ULTRAMORT (ULTRA DEATH)
Spain

苦しむ者広場
ブラジル
LARGO DOS AFLITOS
(SQUARE OF THE AFFLICTED) Brazil

糞湖
フィンランド
PASKALAMPI (SHIT LAKE)
Finland

ひとり
イタリア
ALONE
Italy

失敗
フランス
BOUZILLÉ (FAILURE)
France

嘔吐
ドイツ
KOTZEN (VOMITING)
Germany

死
フランス
DIE
France

離婚浜
メキシコ
DIVORCE BEACH
Mexico

地獄
オランダ
HELL
Netherlands

哀れみ
ハイチ
PITY
Haiti

悲しみ通り
チュニジア
SADNESS STREET
Tunisia

絶望大通り
チュニジア
HOPELESSNESS BOULEVARD
Tunisia

孤独
スウェーデン
ENSAMHETEN (LONELINESS)
Sweden

涙の道
ブラジル
ESTRADA DAS LÁGRIMAS
(ROAD OF TEARS) Brazil

暗い森
ドイツ
FINSTERWALDE (DARK WOODS)
Germany

苦しみ道
ドイツ
LEIDENSWEG (SUFFERING WAY)
Germany

苦しみ丘
ドイツ
LEIDENSBERG (SUFFERING HILL)
Germany

陰鬱通り
ドイツ
DÜSTERSTRASSE (GLOOMY STREET)
Germany

恐れ道
ドイツ
ANGSTWEG (FEAR WAY)
Germany

憂い道
ドイツ
SORGENWEG (SORROW WAY)
Germany

陰鬱湖
ドイツ
DÜSTER SEE (GLOOMY LAKE)
Germany

憂い
ドイツ
SORGE (SORROW)
Germany

痛苦島
マーシャル諸島
AGONY ISLAND
Marshall Islands

醜い
インド
UGLY
Indi

187

謝辞

　この本の実現に協力してくれたすべての人に心から感謝申し上げたい。多大な時間をかけて地図を描いてくれたケイト〔原書のイラストレーターのKateryna Didyk〕。素晴らしい調査と編集をしてくれたサイモン・ジョンソン。鋭い編集眼を持つランディ・ローゼンタール。ジャスティン・フォーク、マリア・マーテンズ、ジェイ・ブレア、タシーナ・ブロムには、時間を費やし、貴重なフィードバックをしてくれたことに感謝申し上げる。エージェントであるICMパートナーズ（ニューヨーク）のヘザー・カーパス、カーティス・ブラウン（ロンドン）のレベッカ・リッチーにも深く感謝している。サイモン＆シュスターのニコラ・クロスリーとイアン・マグレガーにも。そして、草稿を読み、アドバイスをしてくれた（したがうこともあれば、そうでないこともあったが）さまざまな人たち。最後に、執筆中ずっと寛大なサポートをしてくれたリーケ・デ・ヨンに感謝する。

訳者あとがき

　著者ダミアン・ラッドのInstagramのアカウント @sadtopographies は、世界中の「悲しい地名」を紹介するもので、フォロワー数が10万人を超えるなど、人気を集めている。そのアカウントでは、Googleマップ上の悲しい地名をスクリーンショットして、特に説明もなくぽつんと載せるというのが、独特の虚無感をたたえていて面白いのだが、その書籍版である本書は、地名の裏に隠された物語に切り込むもので、読み物として楽しめるようになっている。24の場所の歴史や神話を探るラッドの旅は、著者自身の想像をまじえながら、縦横無尽にあちこちへ行き来する、「思いもよらない脱線の旅」だ。南極の島に惑わされ、オーストラリアの山で絶望し、米国でユートピアの虚しい現実を知り、日本の森にさまよい込み、フィンランドで死と出会う。
　椅子に腰かけながらの旅、想像上の旅をひとつのテーマにする本書は、著者いわく、「ある種の地名コレクションとして読めるが、旅行ガイド、より正確にいえば、反旅行ガイドとしても読むことができる」。この日本語版では、原著よりもガイドブック色を濃くすることにした。各場所のデータと行き方の紹介は、日本語版オリジナルである。
　企画、制作、翻訳にあたっては、柏書房の竹田純さんにたいへんお世話になった。心から感謝申し上げます。また、デザイナーの吉田考宏さんにも厚くお礼申し上げます。

2020年3月　菅野楽章

［著者］

ダミアン・ラッド　Damien Rudd
1984年生まれ。芸術家、作家。オーストラリア・シドニー出身。
ノルウェー・ベルゲン国立芸術大学で学ぶ。現在はオランダ・アムステルダム在住。
アビ・ヴァールブルクの『ムネモシュネ・アトラス』についての研究を行う。
本書のもとになった土地情報のコレクションは、
インスタグラムアカウント（instagram.com/sadtopographies）で閲覧できる。

［訳者］

菅野楽章　かんの・ともあき
1988年東京生まれ。早稲田大学文化構想学部卒業。翻訳家。
主な訳書に『帝国のベッドルーム』（河出書房新社）
『ミズーラ　名門大学を揺るがしたレイプ事件と司法制度』
『1924――ヒトラーが"ヒトラー"になった年』（亜紀書房）など。

世界でいちばん虚無な場所
旅行に幻滅した人のためのガイドブック

2020年4月10日　第1刷発行

著　者　ダミアン・ラッド
訳　者　菅野楽章
発行者　富澤凡子
発行所　柏書房株式会社
　　　　東京都文京区本郷2-15-13（〒113-0033）
　　　　電話（03）3830-1891（営業）
　　　　　　（03）3830-1894（編集）

装　丁　吉田考宏
DTP　高井愛
印　刷　壮光舎印刷株式会社
製　本　株式会社ブックアート

©Tomoaki Kanno 2020, Printed in Japan
ISBN978-4-7601-5193-6